CARLOS SIMÕES

AS MENTIRAS QUE CONTAM PARA VOCÊ

O PODER DA AUTOILUSÃO

Literare Books
INTERNATIONAL
BRASIL · EUROPA · USA · JAPÃO

Presidente do conselho:
Maurício Sita

Presidente:
Alessandra Ksenhuck

Vice-presidentes:
Cláudia Pires e Julyana Rosa

Diretora de projetos:
Gleide Santos

Capa:
Erick Cedric e Victor Franciulli

Coordenadora editorial:
Amanda Moura

Editor:
Anselmo Vasconcelos

Diagramação:
Gabriel Uchima

Revisão:
Ivani Rezende e Leticia Teófilo

Impressão:
Printi

Dados Internacionais de Catalogação na Publicação (CIP)
(Câmara Brasileira do Livro, SP, Brasil)

Simões, Carlos
As mentiras que contam para você : o poder da autoilusão / Carlos Simões. -- São Paulo : Literare Books International, 2025.

ISBN 978-65-5922-951-2

1. Autoajuda (Psicologia) 2. Ilusão (Filosofia) 3. Mentiras e verdades I. Título.

24-226515 CDD-158.1

Índices para catálogo sistemático:

1. Autoajuda : Psicologia aplicada 158.1

Eliane de Freitas Leite - Bibliotecária - CRB 8/8415

Literare Books International.
Alameda dos Guatás, 102 – Saúde – São Paulo, SP.
CEP 04053-040
Fone: +55 (0**11) 2659-0968
site: www.literarebooks.com.br
e-mail: literare@literarebooks.com.br

MISTO
Papel | Apoiando o manejo florestal responsável
FSC® C196274

PRÓLOGO

Quem nunca se pegou diante de uma mentira? Seja a pessoa que conta um fato mentiroso, seja até mesmo quem o ouve, acredito que todos já tivemos algum tipo de contato com a mentira. São estes os questionamentos iniciais que me fizeram escrever este livro: primeiro, para tentar entender os motivos que nos levam a mentir em dado momento ou dada situação, e, segundo, para compreender os motivos que nos levam a acreditar em coisas que, muitas vezes, são indubitavelmente mentiras. Dois fatos aconteceram em minha vida e os carreguei comigo por décadas, até que, em um "estalo", entendi o poder de algo que poderia ser considerado apenas uma opinião. Ao levar a cabo o que escutei, simplesmente continuei a vida sem tentar mudar os fatos... No primeiro ocorrido, estava assistindo a um show no *Cirque du Soleil* e vi um homem subindo nas cordas com muita destreza. Ele era muito forte fisicamente, e eu disse para uma pessoa que estava ao meu lado: "vou treinar e ficar mais forte". Escutei como resposta: "nem adianta treinar, você não tem biotipo para ser forte". Acreditei por muito tempo naquilo e nunca treinei... Anos mais tarde, entendi que, com treino e alimentação corretos, é, sim, possível ganhar massa magra. Ah, se eu não tivesse acreditado nessa mentira... No outro fato, recebi um feedback em uma antiga empresa onde eu tinha pouquíssimos pontos fortes e uma enorme lista de pontos "de melhoria" (foi o que eu escutei). A lista de coisas ruins era tão extensa, que eu questionei a minha capacidade por anos... Trabalhei muito e demorei a retomar a confiança em mim mesmo. Entendi mais tarde que o que escutei do meu gestor era tão somente a opinião dele, naquele momento, e que não refletia quem eu era.

Não é minha intenção fazer deste um livro acadêmico, mas também não posso abordar o tema de forma totalmente desprovida de uma necessária análise mais aprofundada. É comum que nos acostumemos desde sempre a ouvir de nossos pais, mães, professores e líderes religiosos que mentir é algo errado, mas aqui vai uma primeira reflexão: por que é errado? O que é errado? Avançando um pouco mais, se é errado, por que a mentira é considerada tão humana quanto a abstração da arte e da matemática? Trago algumas referências necessárias para desenvolvimento do livro (e para que não pareça mentira).

As mentiras existem desde os primórdios da história, e, antes dela, na pré-história. Existem em diversos formatos e vão desde mentiras inofensivas até mentiras vultosas, como as que comumente encontramos na política. Mas o fato é que sempre existem pessoas dispostas a contar mentiras. Muitas o fazem como forma de proteção, outras com interesses mais objetivos, como levar vantagem em algum conto do vigário ou golpe, mas todas elas possuem um elemento em comum, que é a maneira como são ditas, sempre organizadas de forma a se ligarem ao ouvinte para que pareçam ser críveis.

Ao contrário do que se pensa, a mentira só se torna perigosa quando consegue convencer seus interlocutores de uma possível veracidade. Para isso, é necessário que ela traga em suas informações elementos próprios da verdade, como, por exemplo, a mentira de que se comer manga com leite a pessoa poderá morrer. Não raro, esse tipo de mentira vem acompanhado de um "conheci um primo de um amigo que morreu mesmo". Muitas vezes, o que acontece é que essa pessoa, que se coloca como um possível observador do fato ocasionado pelo ato mentiroso contado, sequer viu uma pessoa morrer após ter ingerido a tal mistura, ou que tenha se curado de uma gripe ao tomar sol com a boca aberta por duas horas ao longo de sete dias – sendo essa última uma outra mentira popular nos interiores de nosso Brasil. Minha avó sempre me alertou do perigo de abrir uma geladeira depois do banho, que traz como consequência ficar "torto".

Então, por que muitos de nós, até mesmo eu, em algum momento de minha vida, balizamos alguma mentira por meio de coisas que não presenciamos?

Da mesma maneira que muitos, nos nossos dias e mesmo depois de tantas e tantas provas, muitas delas gravadas em vídeo ou publicadas em revistas científicas de alto impacto, teimam em desacreditar que a Terra é redonda, que o aquecimento global é uma realidade, ou crer em outras tantas teorias conspiratórias. Quais são os grandes fatores que fazem da mentira algo que possa ser levado a sério e produzir, em muitos casos, verdadeiras fortunas pela venda de livros, vídeos e documentários?

A questão central, talvez, não seja apenas elencar as muitas mentiras em que hoje em dia acreditamos como sendo verdades, até porque, para esse feito, talvez precisássemos de mais de dez livros para tratar apenas sobre o tema, mas sim investigar por que acreditamos nelas. Quais elementos nos fazem acreditar em determinadas mentiras?

Neste livro, mesclo as muitas horas de pesquisa, estudos e leituras, com as minhas experiências pessoais. Passei muitos anos preso às mentiras que me contaram e nas quais acreditei plenamente. Elas acabaram se tornando uma verdade absoluta para mim, e as vivi plenamente por décadas. Apenas na maturidade, com terapia, reflexão e muita leitura, me dei conta de que podemos nos tornar escravos do que ouvimos, e isso pode, de certa forma, modificar o rumo de nossas vidas. Além disso, há o óbvio perigo de cairmos em golpes financeiros ou em outras mentiras que nos fazem desperdiçar um precioso tempo e viver nossas vidas pela metade, como no caso de pessoas que tenham acreditado que manga com leite faz mal, e que por isso jamais experimentaram uma deliciosa e nutritiva vitamina de manga, que consiste justamente em leite batido com a fruta.

Claro, é esse um exemplo muito pequeno, mas suficiente para explicar que essas mentiras, ao se tornarem para nós verdades absolutas, são capazes de criar crenças limitantes. Estas, por sua vez, podem resultar em um profundo estado de paralisia e de apatia frente ao mundo, frente à vida, que passa de forma inexorável diante de nossos olhos, com ou sem acreditarmos em mentiras ou em verdades. Afinal, a gravidade não precisa que acreditemos nela para exercer sobre nossos corpos seus efeitos, e muito menos a Terra e o sistema solar precisam que acreditemos que existam para continuarem a existir e regular a existência física do cosmos.

Por muitos anos chamou minha atenção o fato de sermos bombardeados por mentiras de todos os lados desde a nossa infância, ainda em nossa própria casa. Ainda pequenos, nossos pais nos contam mentiras para supostamente nos proteger. À medida que crescemos, vamos tomando contato com outras mentiras, que têm outros intuitos, como, por exemplo: "O Papai Noel não vai trazer presente para criança mal-educada", que é uma mentira que tenta eximir os pais de educarem seus filhos, e adotam, por isso, uma via teoricamente mais fácil de manter a criança na linha, por meio do medo de perder a recompensa futura. Como consequência, um dia, essas crianças poderão ser ridicularizadas perante outras que já sabem da verdade. Há a necessidade de se expor as crianças a essa mentira? Comemorar o nascimento de Jesus e trocar presentes já não seria suficiente?

E, mesmo que ouçamos desde pequenos essas mentiras, ditas inofensivas, à medida que crescemos, somos convidados a entender o difícil conceito de "mentira social", como quando o pai ou a mãe manda o filho dizer a uma visita indesejada "fala que eu não estou" ou "você não vai, diga que está doente", e coisas semelhantes.

Então, ao mesmo tempo que crescemos considerando a mentira como sendo algo ruim, indesejável e punível, precisamos nos habituar a entendê-la como sendo algo indispensável para vivermos em sociedade: é preciso mentir. Mentimos ao dizer que está tudo bem, mesmo quando não está, elogiamos a comida de alguém ou dizemos que determinada pessoa está linda, mesmo que para nossos parâmetros não esteja. Essas mentiras são, até certo ponto, inconsequentes, ao mesmo tempo que nos mantêm inseridos na sociedade e nos permitem sermos aceitos. Às vezes, o "sincericida" pode ser excluído de um grupo.

Outra grande mentira que podemos citar sem medo de errar é a de que as mulheres mentem mais do que os homens! Estudos recentes mostram que homens e mulheres mentem igualmente, apesar de essas mentiras possuírem motivações diferentes. O homem pretende manter uma imagem positiva de si, transmitir segurança e estabilidade, enquanto a mulher parece não ter a intenção de magoar o interlocutor, o que em última análise parece nos induzir ao entendimento de que ambos mentem para não prejudicar seus papéis na sociedade: o homem como provedor e a mulher como mãe, acolhedora. É claro que isso é, antes de tudo, mais uma construção social do que necessariamente uma constituição biológica, mas, assim, podemos perceber o quão profundamente arraigada está a mentira na estrutura de nossas sociedades.

A abordagem até o presente momento mostra a mentira do ponto de vista do emissor, e parece fazer sentido que quanto maior a "autoridade" daquele que está contando a mentira, maiores serão as chances de acreditarmos na informação que ele está passando.

Trazendo para a nossa realidade, uma mentira pode ser emitida por meio de fake news, utilizando-se de meios como WhatsApp, e-mails, canais de TV, páginas nas redes sociais ou sites e muitos outros, todos utilizados para a disseminação dessas mentiras. Ao mesmo tempo, o receptor precisa "estar aberto" para receber e acreditar nas mentiras que lhe são contadas. É justamente aí que entram a propaganda e as estratégias de Marketing, pelas quais se descobrirá qual o melhor modelo, a melhor roupagem que aquela informação trará em si mesma para que, num primeiro momento, de visão primária, ela seja absorvida como verdade, ou seja, como aquela informação vai se ligar previamente ao rol de crenças pessoais daquele indivíduo ou grupo. Obviamente, não estou me referindo ao marketing que visa "apenas" alcançar o receptor, vendendo características e benefícios de seus produtos, mas o marketing "do mal", que, mesmo sabendo que alguma coisa (ou produto) não é correta, a envolve em uma roupagem para enganar quem recebe a mensagem.

Não é somente a falta da educação formal que faz com que as pessoas acreditem ou não nas mentiras, pois a maioria delas só se torna verdade porque se liga de forma sentimental a algo que seja caro ao ouvinte da mensagem, leitor ou telespectador, como religião, família, ou mesmo algo que possa criar nele um medo de alguma outra coisa. Associar essa informação a certo temor pode gerar marcas profundas na mente do receptor, fazendo com que aquela mensagem fique gravada.

Podemos citar um exemplo: vamos pensar na venda de uma garrafa de refrigerante, e, ao mesmo tempo, em diminuir as vendas de um concorrente. Agora, vamos imaginar que construamos um simples meme de internet que mostre a garrafa do nosso concorrente associada a um bicho peçonhento, como uma aranha ou escorpião, enquanto o nosso produto será associado a filhotes de cachorro. Ora, é simples considerar que existam mais pessoas que gostam de filhotes de cachorro e têm medo de aranha do que pessoas que desgostem de filhotes de cachorros e gostem de aranhas. Então, automaticamente e logicamente, se a campanha for bem-sucedida nesse intento, as pessoas, ou pelo menos uma boa parte delas, vão associar o refrigerante concorrente a um medo que elas tenham. Quando tiverem de optar entre o nosso refrigerante, que foi associado ao filhote de cachorro, e o outro, é mais provável que venham a escolher o nosso, porque está ligado a algo que lhes passou tranquilidade. O desenho animado *Os Caras Malvados* (*Bad Guys* no título original) mostra como a aparência, por si só, pode criar um preconceito e nos induzir a um julgamento errado.

O professor do departamento de Sociologia da UFMG, Yurij Castelfranchi, diz que todos nós somos potenciais vítimas das mentiras. Isso pelo fato de que nelas sempre estarão envolvidos o poder, a política, as relações sociais e interesses dos mais diversos, desde a venda de refrigerantes até mesmo a escolha de um partido político ou estilo de vida, ou mesmo ódio racial e xenofobia, homofobia etc.

Mas, voltando para o nosso mundo: alguns mentirosos contumazes passaram por nossas vidas, e tenho certeza de que você se lembra de vários deles. Passaremos, ao longo destas páginas, por alguns conhecidos, e dividirei algumas experiências vividas por mim, tentando fazer dessa leitura um momento de prazer, mas também de reflexão.

Boa leitura!

SUMÁRIO

CAPÍTULO 1

MENTIRA NOSSA DE CADA DIA

Ainda que seja difícil admitir, todas as pessoas mentem. Quantas vezes você estava cheio de problemas e respondeu que tudo estava bem, por exemplo? Ainda que essa seja uma mentira de menor importância e que não necessariamente cause prejuízo a alguém, não deixa de ser uma mentira.

As mentirinhas do dia a dia fazem parte da vida em sociedade, e, no geral, não trazem sérios problemas à vida de ninguém. Porém, algumas pessoas não sabem se relacionar sem mentir e usam a mentira como principal ferramenta para se beneficiar ou prejudicar os outros. Essas pessoas não medem consequências para sustentar as suas mentiras, e não se importam se alguém está sendo prejudicado com isso.

Mas, afinal, por que as pessoas mentem?

Ninguém nasce sabendo mentir. A mentira é um comportamento que precisa ser aprendido por meio da repetição ou por interpretação. Suponhamos que uma pessoa tenha crescido em um ambiente cercado de mentiras. É, então, muito provável que repita esse tipo de comportamento na vida adulta, mesmo que ter vivido nesse ambiente não seja, por si só, um fator determinante. Além disso, crianças que aprendem a tirar vantagens de pequenas mentiras tendem a se tornar adultos que acreditam ser necessário mentir para obter benefícios.

Seja para se defender de alguma situação ou para obter ganhos, as pessoas aprendem a mentir ainda durante a infância. Por isso, é fundamental que os pais saibam educar e direcionar os filhos sobre os problemas que a mentira pode causar e como é preferível optar pela sinceridade. De forma geral, podemos qualificar a mentira em dois grandes elementos motivadores, o medo e a vantagem. Vejamos apenas alguns exemplos que explicam a razão pela qual as pessoas mentem.

1. **Para evitar ser punido.** Evitar uma possível punição é o motivo mais comum para que uma pessoa minta. Desde a infância, é natural que recorramos à negativa de uma ação que tenha como resultado uma punição ou a perda de um benefício. Ao ouvir sua mãe gritar: "Quem fez isso, vai ficar de castigo", a mentira virá na tentativa natural de defesa.
2. **Para obter uma recompensa não facilmente obtida.** Um exemplo disso é alegar falsamente experiências de trabalho durante uma entrevista de emprego, para aumentar as chances de contratação. Ouvimos recentemente na imprensa casos de pessoas que

colocaram em seus currículos terem feito cursos em prestigiadas universidades americanas, sem nunca terem frequentado as instituições. Desconheço as intenções individuais que os levaram a esses atos, mas não consegui pensar em nada que fosse honesto e construtivo...

3. **Para proteger outra pessoa de ser punida.** Assim como acontece com a mentira para evitar uma punição pessoal, o motivo não muda com a intenção, mas, aqui, um protege o outro. Imagine algumas crianças jogando bola na rua e uma delas, acidentalmente, quebra um vidro de uma casa. O proprietário sai à rua furioso e pergunta: "Quem fez isso?". Para proteger o verdadeiro culpado, que está presente, alguém diz: "Um menino que eu não conheço e estava jogando com a gente. Ele saiu correndo quando viu que a bola havia quebrado o vidro da sua casa".

4. **Para se proteger da ameaça de dano físico.** Isso é diferente de ser punido, pois a ameaça de dano não é um delito. Um exemplo seria uma criança que está sozinha em casa dizer a um estranho na porta que seu pai está dormindo agora e que deve voltar mais tarde.

5. **Para ganhar a admiração de outras pessoas.** Contar mentiras para aumentar sua popularidade pode variar de "pequenas mentiras inocentes", para aprimorar uma história que está sendo contada, até a criação de uma *persona* totalmente nova (fabricada), um alter ego utilizado para determinados círculos sociais, como alguém que finge ter mais dinheiro do que de fato tem para conseguir se enturmar com pessoas de condições financeiras superiores. Em minha cidade natal, Belo Horizonte, sempre ouvimos dizer que um rapaz muito famoso em "rachas" vivia endividado para pagar boletos de carros que eram

em algum momento tomados pelos bancos, por não ter pagado as prestações, sempre andava em bons carros, causando boa impressão e admiração.

6. **Para se sentir pertencente a um grupo.** Diferentemente de contar mentiras para aumentar sua popularidade, algumas pessoas simplesmente inventam que passaram por uma determinada situação para parecer mais próxima de seu interlocutor. Essas pessoas, ao ouvirem alguém do grupo em que estão inseridas dizer que passou por uma situação diversa, seja ela trágica ou cômica, costumam afirmar que já passaram pela mesma situação e inventam fatos que mostrem que elas entendem pelo que o outro passou, mesmo que nunca o tenham feito.

7. **Para sair de uma situação social difícil.** É quando, para se desvencilhar, por exemplo, de

uma conversa chata ou desinteressante, alega que teve algum tipo de problema em casa ou no serviço, e que por isso precisa se ausentar. É o famoso "deixei a panela no fogo".

8. **Para evitar constrangimento.** Situações como quando uma criança faz xixi na cama e diz que é apenas água, que por acidente foi derramado um copo cheio. Veja que, nesse caso, a criança opta por se arriscar a um possível castigo ao se expor ao constrangimento de admitir ter feito algo que a envergonhe. Essa mentira até engana os amigos, mas não os pais...

9. **Para manter a privacidade.** Pode-se citar um casal que afirma ter escolhido fugir junto, alegando que o custo de um casamento estava além de suas possibilidades, quando na verdade estava evitando a obrigação de convidar seus familiares.

10. **Para exercer poder sobre os outros.** Essa é a categoria de mentiras mais perigosa que existe, pois é quando o mentiroso controla as informações que organiza em sua mentira de forma a se encaixar perfeitamente nas aspirações e vontades de seu interlocutor. Notavelmente utilizada por manipuladores, golpistas e políticos.

A MENTIRA COMO PROTEÇÃO

A maior explicação para que as pessoas usem da mentira para se proteger é simplesmente porque a mentira funciona. Ainda que ela possa trazer perdas e seja sempre um risco, possibilita que o mentiroso consiga sair de uma situação que, muitas vezes, pode ser desagradável ou perigosa. Existem até mesmo certas mentiras que são recomendadas em determinadas situações, como o ato de gritar "fogo" quando está sendo agredido, pois dificilmente se obtém socorro quando se pede por ele, dizendo a verdade. Entretanto, ao gritar e fazer alarde de fogo, que é um acontecimento que pode causar danos coletivos, a probabilidade de se conseguir ajuda é maior. O mesmo raciocínio que faz com que os institutos de proteção aconselhem as mulheres em situação de risco de serem estupradas a dizerem em voz alta que possuem alguma doença sexualmente transmissível, porque a mera menção pode ser suficiente para fazer afastar o agressor.

Esses são exemplos de defesa física em que usamos da mentira, e no geral as mentiras podem ser consideradas como sendo totalmente "positivas". Mas também existem as mentiras de proteção que não são físicas, mas sim emocionais. Na maior parte das vezes, o hábito de mentir é um comportamento inconsciente. Entretanto, em muitos casos, em especial com pessoas que tenham uma autoestima baixa, mesmo em níveis conscientes, optam pela mentira mesmo em casos menores, que sequer teria alguma consequência ou mesmo representasse uma perda. Essas pessoas recorrem a esse tipo de mentira pelo medo de serem rejeitadas, e, por causa disso, é comum que elas tentem sempre responder às expectativas da outra pessoa, mesmo que isso seja feito por meio de pequenas falácias. Por exemplo, um marido mentir dizendo que não foi a um *happy hour* com os colegas de trabalho só porque a esposa não gosta que ele vá. Note que, nesse exemplo, o mentiroso nada fez que pudesse gerar uma séria consequência, a não ser um possível desentendimento, mas ainda assim opta por mentir, porque é mais fácil inventar outra justificativa, em especial se puder dizer que fez algo que agrada a esposa, como ir à academia ou à casa de sua mãe.

QUANDO O HÁBITO DE MENTIR VIRA DOENÇA?

A mentira obsessiva compulsiva, que é o hábito de mentir de forma compulsiva, é chamada de mitomania, ou seja, a pessoa não consegue viver sua vida normalmente sem estabelecer uma realidade própria com a qual ela possa manter e justificar suas mentiras, ou os mitos segundo os quais ela estabeleceu sua realidade. Em outras palavras, é a pessoa que vive em perpétuo estado de mentiras e autoenganos, que, normalmente, não possui o interesse primário de enganar os outros, mas de estabelecer uma realidade mais agradável para si mesma.

É claro que essa doença, apesar de não necessariamente possuir o interesse ou a intenção de prejudicar alguém, pode sim causar inúmeros problemas, tanto para as pessoas acometidas por esse mal, quanto para as pessoas que convivem com ela.

A mitomania, também conhecida como pseudologia fantástica ou mentira patológica, é um distúrbio de personalidade. Quem sofre desse problema mente sempre e a respeito de todos os assuntos de sua vida, sem nunca demonstrar constrangimento quando suas mentiras são descobertas. Isso porque, na verdade, há para essa pessoa a distorção da realidade, de modo que suas mentiras se tornam verdades instantaneamente. Por isso, quando são descobertas, no geral apenas criam uma nova realidade que possa justificar a mentira anterior, ou seja, projetam um novo universo de informações que possa justificar tanto a mentira anterior quanto a situação de descoberta, imediatamente posta em um novo rol de mentiras. É uma situação de extremos, em que o mitômano, para sustentar suas mentiras, chega ao ponto de acreditar nas histórias que criou e, às vezes, as vive.

Uma das grandes diferenças do mentiroso esporádico ou tradicional para o mitômano é que, no primeiro caso, a pessoa mente para obter algum proveito ou vantagem em alguma situação, enquanto o mitômano mente com o objetivo de aliviar alguma dor psicológica. Nessa situação, o ato de mentir é para se sentir confortável com a própria vida, parecer mais interessante ou ter assuntos que se encaixem em um grupo social em que o mitômano não se sente capaz de entrar.

COMO RECONHECER UM MENTIROSO COMPULSIVO

Como dito antes, o mitômano é alguém naturalmente perigoso. Primeiro, porque ele mesmo acredita em suas mentiras, o que o leva a não sentir nenhum tipo de remorso. Segundo, por acreditar na própria mentira, é muito difícil descobrir quais as situações que ele está inventando, porque ele cria amplas bases de veracidade para apoiar e suportar suas mentiras. Então, é de fundamental importância conseguir saber reconhecer esse tipo de comportamento, e apesar de não ser algo fácil, pois via de regra os mitômanos costumam ser pessoas com alto poder de convencimento, existem, sim, certas características que podem ser observadas, como:

- O mitômano não sente culpa ou medo do risco de ser descoberto.
- Suas histórias tendem a ser muito felizes ou muito tristes, mas sempre são exageradas e extremas.
- Contam grandes casos sem motivo aparente, ou que se possa identificar os possíveis ganhos, como, por exemplo, contar em um churrasco que conseguiu fazer uma grande viagem de forma gratuita. Como vemos, não há nenhuma vantagem aparente para mentir sobre isso, mas tudo para ele é a construção de uma personagem, e esse tipo de mentira serve para se estabelecer uma narrativa.
- Ele tem a tendência de responder de forma elaborada a perguntas rápidas às quais, para a maioria das pessoas, bastaria um simples sim ou não, mas, novamente, para ele, é muito importante estabelecer uma

narrativa própria, porque ele precisa se sentir no controle para conseguir sustentar as mentiras contadas.

- Faz descrições extremamente detalhadas dos fatos. Veja, para um mentiroso, é importante estabelecer detalhes, porque, como ele não viveu determinada situação – ou não a vivenciou exatamente da maneira como relata –, ancora-se na riqueza de detalhes para que, dessa maneira, possa desviar a atenção do seu ouvinte e, assim, consegue dar materialidade para a história ou à narrativa contada.
- As histórias que conta o fazem parecer sempre o herói ou a vítima, mas sempre figura como sendo protagonista, como se estivesse vivendo em um filme ou dentro das páginas de um livro, ou, melhor dizendo, se coloca sempre como narrador da própria história, nunca estando

inserido nas situações de forma humana, ou seja, não possui falha ou é extremamente certeiro, inteligente e esperto, ou é extraordinariamente bondoso e puro. Sempre se coloca nos extremos, nunca no meio-termo, e sua narrativa não acompanha qualquer padrão de fato seguido por consequência, mas sim coisas que pareçam ser totalmente aleatórias.

- Versões diferentes das mesmas histórias. Manter na memória tantos detalhes é muito complexo. Por ser mentiroso contumaz, é comum que modifique a leitura daquela narrativa segundo o público para o qual esteja narrando aquele fato. Para ele, não há nada sólido, nem mesmo o passado ou os atos que tenha cometido, porque tudo é uma questão de narrativa, e não de acontecimentos.

Toda essa formulação, que pode ou não ser cumulativa, visto, inclusive, que existem gradações para essa doença, tem o objetivo de fazer o outro acreditar na imagem social que o mitômano busca atingir. São pessoas imagéticas, tanto na construção de suas memórias fabricadas quanto na imagem que pretendem criar de si mesmas.

O QUE CAUSA A MITOMANIA

As causas da mitomania não são totalmente esclarecidas. Sabe-se que há inúmeros fatores psicológicos e ambientais que podem estar envolvidos nessa questão. E acredita-se que a baixa autoestima e a vontade de sentir-se aceito e amado, além da tentativa de se proteger de situações constrangedoras, marquem o início da mitomania.

É importante saber que não se trata de uma doença que se possa adquirir, como uma enfermidade viral ou bacteriana, mas sim um mal psicológico gradativo, em que os acometidos por ele vão criando novas narrativas para suportar as primeiras, criando um estado de "bola de neve", que quanto mais acontece, mais mentiras precisarão ser contadas. Ou seja, é um estado em que a pessoa acaba perdendo o controle de si mesma em prol da narrativa ou da persona por ela objetivada.

Também é importante dizer que essa pessoa, quando está em determinado círculo social, pode ser completamente honesta, e no entanto, em outro meio, ser absolutamente mentirosa e manipuladora, ainda que esse comportamento seja, de fato, inconsciente ou não totalmente dotado de consciência.

MITOMANIA TEM CURA?

A mitomania tem cura e pode ser alcançada por meio do tratamento psicoterapêutico adequado, mas que depende do comprometimento da pessoa com o tratamento e do apoio que recebe de seus familiares e amigos. Isso porque, como toda doença que envolve fatores psicológicos, o ambiente é essencial para a melhora do paciente, portanto, cabe à pessoa identificar quais são as situações em que a vontade de introduzir a mentira é mais forte, e procurar se afastar desses cenários.

Por exemplo, se uma pessoa, quando confrontada com uma situação em que precisa demonstrar sua renda ou *status* financeiro, acaba por mentir com maior frequência, então o melhor caminho para a cura seria reduzir as vezes em que se expõe a esse tipo de situação ou a situações similares.

COMO OS MENTIROSOS CRIAM A "ILUSÃO DA VERDADE"?

A ilusão de verdade é criada por meio das respostas que o mitômano vai adquirindo de seus interlocutores, que são os receptores das informações por ele oferecidas. Note que não há um caminho preconcebido por ele, ao contrário, vai ajustando seu discurso à medida que identifica os padrões de confirmação que recebe durante a conversa ou negociação.

A repetição faz um fato parecer mais verdadeiro, independentemente de ser ou não. Compreender esse efeito pode ajudá-lo a evitar cair na propaganda, diz o psicólogo Tom Stafford. “Repita uma mentira com frequência suficiente e ela se torna a verdade”* é uma lei de propaganda muitas vezes atribuída ao ministro da propaganda nazista, Joseph Goebbels. Entre os psicólogos, algo assim é conhecido como efeito de “ilusão da verdade”.

* Por mais que tal fala seja atribuída a Joseph Goebbels, esse conceito é ainda mais antigo, podendo ser encontrado na obra de Maquiavel, *O Príncipe*, escrita em 1513.

CAPÍTULO 2

ENTENDENDO A MENTIRA

Como vimos no capítulo anterior, existem vários tipos de mentiras, e as mais perigosas são aquelas que levam seus autores a criarem para si e para suas narrativas um verdadeiro mundo paralelo, onde todas as histórias e narrativas criadas são compreendidas como sendo verdadeiras. O problema dessa situação é que, primeiro, desloca o próprio mentiroso da realidade factual, e, em segundo, traz para esse universo fantástico outras pessoas que podem ser profundamente afetadas pelas consequências dessa instabilidade do que é ou não real.

A mentira é uma ferramenta natural de defesa, e estudos sugerem que teria surgido justamente no mesmo momento em que surgiu para os humanos a habilidade da fala. É usada principalmente para se eximir de possíveis culpas por algo feito ou por algo não feito, e como vistas a não prejudicar a imagem que aquele indivíduo possui dentro de um determinado grupo.

No entanto, a mentira evoluiu no mesmo patamar que a própria comunicação humana, e, num mundo marcado pelas redes sociais virtuais, as micromentiras são mais comuns do que poderíamos supor. Quando um *influencer* digital, ou até mesmo pessoas comuns, se utiliza de suas redes sociais, recorrendo a fotografias cuidadosamente estudadas para se transmitir um estado de bem viver, ou de paz, ou de prosperidade, na realidade, sua vida pode não ser, e geralmente não é, tão boa ou não tão próspera.

E ainda há os casos comuns em negócios similares aos esquemas de pirâmides, em que as mentiras que relatam prosperidade são meticulosamente pensadas para enganar o receptor daquela mensagem, objetivando obter para si o mesmo lucro, induzindo-o ao golpe, para que invista dinheiro em estratégias fadadas ao fracasso.

Quantas vezes não vimos notícias contando sobre pessoas que caíram em golpes do bilhete premiado e não nos perguntamos: "Meu Deus, como as pessoas ainda caem em golpes desse tipo?".

Bom, a resposta para essa pergunta é um pouco mais complexa, ainda assim tentaremos contextualizar e sintetizar seus fundamentos. Veja, um dos principais fatores que possibilitaram à humanidade evoluir e avançar em suas tecnologias foi notavelmente a habilidade intrínseca a todo ser humano de mimetizar, de reproduzir o que vê. Ou seja, ao vermos uma tribo, ou grupo de pessoas que dominavam o fogo, foi natural que tentássemos também desenvolver determinada "tecnologia". É assim que procuramos reproduzir os comportamentos que identificamos como sendo melhores ou preferíveis aos nossos.

Então, ao mesmo tempo que esse fator mimético nos serve para fazer coisas que possam, decerto, nos fazer evoluir e avançar, é também o fator que nos possibilita cair em armadilhas. Voltando ao exemplo do bilhete premiado, qual é o fundamento desse golpe?

É sempre uma narrativa baseada na possibilidade de ganho fácil. O golpista aborda a vítima, fazendo parecer que a vantagem do negócio está com ela, e não com o estelionatário. Mas como é possível convencer alguém de que, mesmo tendo ganhado um valor muito grande, o vencedor está disposto a ceder, muitas vezes quase a totalidade do valor auferido, em troca de uma pequena parcela cedida pela vítima?

Ora, porque o mentiroso se apoia na autoestima da vítima, que, ao se deparar com uma pessoa cuja narrativa nitidamente a transforma em alguém de boa-fé ou vulnerável, figura-se como sendo uma pessoa da qual se poderá auferir vantagens sem muito esforço, ou seja, esse tipo de golpe só funciona porque a vítima primeiro foi levada a acreditar no universo criado pelo discurso do mentiroso, universo "invertido" onde esse se coloca como vítima, e depois foi atraída a figurar nesse universo como sendo aquela que levaria vantagem. Quem não se lembra do comercial que dizia que, afinal, "temos que levar vantagem em tudo, certo"?

O convencimento é tão bem-feito, que a vítima chega mesmo a se culpar por estar levando vantagem sobre uma pessoa mais frágil, e assim automaticamente se predispõe a dar um valor até mesmo maior do que o mentiroso havia anteriormente proposto, numa tentativa de reduzir a culpa que sente. É um jogo de aparências, de aproximação e deslocamento de realidade e de poder. Perceba que a primeira coisa que o mentiroso faz, nesse caso, é colocar a vítima em uma posição de maior poder dentro daquele universo criado, e a partir daí, sem que se perceba, constrói uma narrativa para extrair dela todos os valores que conseguir.

Esse é um exemplo de mentira direcionada, ou seja, um exemplo de mentira construída com o propósito nato de enganar, ludibriar alguém em proveito próprio. Trata-se, por óbvio, de um crime, e de cuja natureza é dúplice, posto que, a princípio, a vítima adentra na mentira não como vítima, mas o algoz, que levará vantagem em cima do golpista, e assim, muitas vezes, a ocorrência desses crimes sequer é noticiada às autoridades competentes.

O MEDO E A CULPA

Afora as mentiras propositais, que possuem como elemento definidor o *animus*, a vontade de se auferir proveitos, ou ganhos ao se ludibriar alguém, também existem as mentiras causadas por medo ou pelo sentimento de culpa. Ainda no espectro defensivo, esses dois sentimentos são fundamentais para aquelas mentiras ditas como sociais, utilizadas no dia a dia para se evitar alguma ruptura de convivência ou mesmo para tentar escapar de alguma possível punição.

Em determinadas situações, por mais que também o ato de mentir cause o sentimento de culpa, esse medo de se perder um *status* social, micro ou macro, figura como sendo menor que a culpa gerada por ter efetivamente feito ou deixado de fazer alguma coisa que, para ele, de alguma forma, não era autorizado a fazer.

Podemos elencar como exemplos desse tipo de mentira aquelas comuns nos espaços de trabalho e de relacionamentos afetivos. Quando um funcionário faz ou deixa de fazer alguma tarefa que deveria ter feito, mas que afirme categoricamente que fez exatamente o que deveria, ou que não fez aquilo que não deveria, e que o erro causado por sua própria ação real deva ter se dado em razão da ação de outra pessoa. O mesmo pode ocorrer em um relacionamento amoroso, quando um dos pares afirma não ter feito ou ter feito determinada coisa.

Nesses casos, ao contrário da mentira patológica ou da mentira proposital, em que o mentiroso está sempre pronto a sustentar sua mentira mesmo depois de ter sido descoberto, por meio de novos falsos argumentos, são o que podemos chamar de mentirosos de ocasião. Ao serem confrontados com a realidade que desmente ou desconstrói a narrativa posta, tendem a responder com o silêncio ou com uma ação de agressividade passiva, ou seja, tentam alterar a situação de descoberta ao modificar o foco de observação, também podendo se utilizar de subterfúgios como: “Mas e aquilo que o fulano fez?”. Esse argumento em geral é utilizado numa tentativa de equivaler sua ação ou omissão a uma ação ou omissão realizada por outra pessoa de igual *status* ou de igual responsabilidade, buscando-se assim o fator de proteção de grupo, pois, instintivamente, todos nós sabemos que é mais difícil se punir um grupo do que um indivíduo.

A MENTIRA E O CIÚME

Ainda tratando das mentiras ocasionais, é necessário abrirmos um espaço específico para tratarmos das mentiras realizadas dentro de um relacionamento afetivo, quer seja entre homens e mulheres ou mesmo entre casais homoafetivos, afinal, e ao contrário do que parte do senso comum acredita, a mentira não está associada ao sexo de nascença do indivíduo. Pode-se até fazer determinadas diferenciações sobre a motivação da mentira, como fizemos no início deste livro, mas o sexo do indivíduo, e assim por óbvio, a conjugação da unidade afetiva de casal, pouco importa para definir ou tratar a mentira. A mentira é um fator humano, profundamente associada aos sentimentos humanos, e não às possíveis preferências e orientações sexuais.

Num relacionamento amoroso, um dos maiores motivos que ocasionam mentiras, de ambas as partes, é muitas vezes a tentativa de manter-se no controle do relacionamento, e por isso a pessoa opta por mentir em determinadas situações para que não transfira ao outro o poder dentro da relação.

Independentemente das motivações que levam as pessoas a mentir, é comum que se caracterize os mentirosos como sendo pessoas que, na formulação de suas realidades paralelas, criem um universo irreal e que, em seus atos de mentir, possuem como principal fundamento a maldade, a psicopatologia, aderência à moralidade ou danos cerebrais. Dificilmente se foca no processo da mentira em si, e principalmente de pessoas que não possuam qualquer dessas doenças.

A AUTOMENTIRA

Como vimos até aqui, a mentira é um processo profundamente social, posto que, de forma geral, pressupõe a tentativa, por parte do mentiroso, de controlar ou manipular um determinado grupo social de sua convivência, quer seja pela manutenção de um personagem criado, ou pelo engano proposital com vistas a obter lucros mediatos e imediatos.

No entanto, outro aspecto da mentira, muito comum nos dias de hoje e tão perigoso ao mentiroso quanto as mentiras propositalmente contadas para possíveis receptores, é a mentira autoimposta. Nela, o indivíduo, ao contar de si uma mentira relacionada a seu *status* social ou a seu comportamento, passa a seriamente acreditar na mentira contada e começa a se comportar como se aquela situação fantasiada fosse, de fato, uma verdade. Um exemplo muito notável de que podemos lançar mão para evidenciar esse cenário é de alguma pessoa que, mesmo em uma situação econômica baixa, passa a conviver com pessoas com condição financeira mais alta e que, para tentar se encaixar naquele grupo, começa a se portar da mesma forma que seus membros.

Dificilmente esse comportamento criará, por si só, consequências reais para o mentiroso, mesmo sendo descoberto, posto que isso ficaria apenas no escopo de possíveis rupturas sociais. Entretanto, o principal problema ocorre quando ele, visando manter o *status* desejado, passa a acumular dívidas, a fim de manter as aparências, ou até mesmo começa a aplicar pequenos golpes. Note que esse caminho é gradativo, ou seja, é bastante tênue a linha entre uma mentira social sem muitas consequências e um comportamento autodestrutivo, ou criminoso.

Outro grande problema que pode ser causado pela automentira é o abandono da infância — a geração "nem-nem". O que tem se visto, em especial nas gerações mais jovens da atualidade, é um comportamento autodestrutivo dessas pessoas ao se recusarem a deixar de serem crianças, assumir para si responsabilidades e arcar com as consequências de suas escolhas, acabando por criar histórias para si mesmos, a fim de justificar sua inatividade. Muitos jovens têm adotado discursos como:

- "Parei de trabalhar porque preciso estudar", e com essa intenção, acabam por receber apoio financeiro da família para se manterem, e ainda assim acabam não estudando de fato, mas acreditam firmemente que estão fazendo o possível.
- "Não estudo para entrar para a faculdade porque estou concluindo este curso primeiro. Assim que conseguir o certificado, começo a estudar de verdade".
- "Não aceitei aquele emprego porque estou esperando por uma oportunidade melhor." Assim, procrastina o trabalhar.

- "Mas eu ainda sou um menino!", disse o rapaz de 19 anos, já formado no ensino médio, e que abandonou uma oportunidade de emprego com salário superior à sua qualificação por se considerar novo demais.

Todos nós conhecemos ou ouvimos falar de pessoas que continuam sempre paradas no mesmo lugar. Para não enfrentar alguma realidade desafiadora que se apresente, criam histórias, arranjando sempre alguma desculpa para se justificarem para os outros, e principalmente justificar para si sua aparente cômoda situação atual.

CAPÍTULO 3

A MENTIRA AO LONGO DO TEMPO

A mentira, como vimos até aqui, sempre fez parte dos relacionamentos humanos, ao menos, até onde sabemos, desde que começamos a falar. Como não poderia ser diferente, a mentira acabou se configurando como sendo a métrica nos espaços individuais, de relacionamentos e também nos espaços coletivos, nas relações sociais, políticas e comerciais. Desde a Grécia Antiga, ou mesmo antes, até nas primeiras civilizações, podemos encontrar as mentiras espalhadas por todas essas relações humanas. Tanto assim é que no Código de Hamurabi, considerado como o primeiro sistema legal de leis escritas pela humanidade, em seus 281 artigos, podemos encontrar dois que tratam especificamente da mentira em si logo na primeira e na terceira lei, o que demonstra o grau de importância que tinha a mentira nas relações humanas ainda naqueles tempos remotos:

1. Se alguém enganar a outrem, difamando esta pessoa, e este outrem não puder provar, então aquele que enganou deve ser condenado à morte.
2. Se alguém trouxer uma acusação de um crime frente aos anciões, e este alguém não trouxer provas, se for pena capital, este alguém deverá ser condenado à morte.*

---

* O Código de Hamurabi é um sistema de leis esculpidas em pedra, baseadas na Lei de Talião, que diziam respeito às relações de trabalho, família, de propriedade e escravidão na Babilônia, com criação estimada em 1800 a.C. Mais informações sobre o Código de Hamurabi no site abaixo: https://www.ebanataw.com.br/roberto/pericias/codigohamurabi.htm#:~:text=Se%20algu%C3%A9m%20enganar%20a%20outrem,deve%20ser%20condenado%20%C3%A0%20morte.&text=Se%20algu%C3%A9m%20trouxer%20uma%20acusa%C3%A7%C3%A3o,dever%C3%A1%20ser%20condenado%20%C3%A0%20morte.

Avançando um pouco ao longo da história, chegamos à Grécia Clássica, berço da civilização ocidental e da qual retiramos boa parte dos nossos sistemas de ensino, ciência, arte, política, retórica, história e artes bélicas. A Grécia era, já naquela época, marcada pelo voto direto dos cidadãos em seus representantes eleitos, e era comum que se espalhassem, por parte dos apoiadores deste ou daquele pleiteante, uma miríade de mentiras, geralmente afixadas em desenhos apócrifos rabiscados nas paredes das casas e dos templos, e mesmo em tabuinhas deixadas em lugares estratégicos. Essas eram as fake news dos tempos antigos.

Apesar de guardarem as óbvias proporções entre si, especialmente quanto ao seu poder de disseminação e reprodução, essas mentiras traziam o mesmo fim das que vemos nos dias de hoje. Eram atreladas, muitas vezes, a narrativas que, para qualquer observador minimamente razoável, pareceriam ridículas ou risíveis, mas que, não obstante, acabam criando uma narrativa tão fantasiosa, que muitas pessoas tendem a acreditar justamente porque parecem ser uma mentira. Sim, é o famoso "isso parece tanto ser uma mentira que deve mesmo ser verdade".

O discurso da mentira, antes ou mesmo agora, na verdade não mudou, pois continua a se assentar no medo e no pânico do indivíduo. Veja, as macromentiras, e aqui é disso que estamos tratando, apesar de objetivarem o convencimento da maior parte da população possível, não se apregoam no medo coletivo, pois coletivamente temos medo de pouca coisa. Ao contrário, visam captar a atenção do indivíduo, de modo que aquela mensagem passe a fazer sentido através dos medos do sujeito. Este, então, passa, da mesma forma que uma vítima de um golpe do bilhete premiado, a agir pensando que está obtendo uma vantagem, e por isso se torna um validador daquela mentira que está sendo espalhada, vinculada, criando por sua vez o efeito manada. Esse efeito é justamente o caso em que, por causa das ações ou omissões de indivíduos, as outras pessoas começam a imitar um dado comportamento, que, por fim, descamba, não raro, em histerias coletivas.

Afinal de contas, é preciso que nos perguntemos, por exemplo, como alguém poderia realmente acreditar que exista um grupo de pedófilos organizados, que ocupam os mais altos postos de poder no mundo, que se organizam para sequestrar crianças e delas obter primeiro a satisfação de suas degradações sexuais, e em seguida o próprio sangue, para um ritual de magia oculta que tem o condão de fornecer vida eterna aos membros que se banharem e beberem do sangue dessas crianças inocentes? Parece absurdo, não? Automaticamente, nos faz pensar e cogitar que estejamos a nos referir a uma época mais obscura, em especial ao período conhecido como Idade Média, ou Idade das Trevas, marcada pelo misticismo e pelo constante medo do demônio e da ideia do inferno cristão.

Mas não, essa não é apenas uma narrativa que precedia a uma grande caçada às bruxas ou aos hereges. Muito menos, é uma narrativa velha do ponto de vista histórico, mas é assustadoramente atual, e estamos a nos referir ao que propaga o grupo conhecido como QAnon. Esse grupo teve, inclusive, como um dos seus quase garotos-propaganda a figura do antigo presidente norte-americano Donald Trump*, que, mesmo sem nunca ter diretamente apoiado o movimento, utilizava-se de elementos retóricos suficientes para também não o desmentir.

* "Não sei muito sobre esse movimento, além do fato de que eles me amam", explicou o presidente dos Estados Unidos em 19 de agosto (2020) durante uma entrevista coletiva na Casa Branca, quando foi questionado sobre o Movimento QAnon.
"Eles afirmam que você está salvando o mundo de uma rede de pessoas satânicas e pedófilas", disse um repórter. "Não ouvi isso", respondeu o presidente dos Estados Unidos, acrescentando: "Mas se posso ajudar a salvar o mundo de alguns problemas, estou disposto a fazê-lo". Fragmento de reportagem disponível em: https://g1.globo.com/mundo/eleicoes-nos-eua/2020/noticia/2020/08/26/o-que-e-qanon-o-movimento-conspiracionista-a-favor-de-trump-que-e-visto-pelo-fbi-como-ameaca.ghtml. Acesso em: 26 ago. 2024.

Então é de se pensar, como tais narrativas podem ser sequer consideradas como sendo sérias? Como pessoas, clinicamente sadias, podem acreditar piamente em estórias e narrativas tão fantasiosas?

Veja, para muitas pessoas, é mais fácil acreditar que o homem nunca visitou a Lua ou que não tenha voltado porque lá havia alienígenas que nos proibiram de voltar, do que acreditar que fomos ou não voltamos por ser uma viagem cara e porque não temos ainda mecanismos para, por exemplo, extrair minérios do solo lunar, por falta de tecnologia compatível. Ou mesmo acreditar que a Terra é plana, apesar de todas as evidências em contrário, como, inclusive, a rede mundial de computadores, que depende de satélites orbitais para distribuir seus sinais e para disponibilização de dados de geolocalização para navegação aérea e marítima. Do mesmo modo, a nossa navegação do dia a dia, que é feita pelo GPS, cuja sigla significa Sistema de

Posicionamento Global, ou em inglês, *Global Positioning System*, é uma prova de que nosso planeta tem a forma de um globo.

A maior de todas as diferenças entre as maneiras de se contar mentiras no passado e as maneiras de hoje é a velocidade com que essas mentiras se espalham. Elas criam um pânico tal, que podem repercutir em decisões políticas importantes, como em um voto dado a um desqualificado para a posição que ocupa, mas que se aproveita do estado mentalmente letárgico propiciado pelo medo aventado pela mentira narrada. Ou seja, mesmo que se espalhem e se consumam rapidamente, essas mentiras possuem o condão de produzir efeitos nocivos por sua própria natureza.

Outra notável diferença diz respeito ao emissor da mentira, porque antes, para que uma mentira pudesse ser bem-sucedida, ela precisaria estar "assinada" por alguém de cujo nome se vinculava o sentimento de certeza ou de verdade. Daí surgiam, por exemplo, os textos sibilinos, antecessores dos evangelhos apócrifos, que faziam predições correlatas ao tempo presente ou críticas a algum governante reinante no período. E faziam isso por meio de presságios ou de profecias, dizendo se tratar de um oráculo ou de uma carta de um santo, na qual ele falava que tal ou qual governante teria este ou aquele fim, ou seria este ou aquele demônio. Ou seja, era necessário revestir a mentira de uma amálgama, tímida que fosse, de uma pretensa verdade, o que não se verifica nos dias de hoje.

E mesmo que ainda hoje existam essas falsas profecias, fato é que a maneira mais rápida e mais eficaz de se espalhar mentiras por meio das redes é se utilizar de seu caráter mimético, ou seja, imagético. E qualquer pessoa, de posse de um computador, celular ou um *tablet* e com conhecimentos mínimos e disposição para se operar um aplicativo, consegue juntar uma seleção de fotografias e alocar nelas um subtítulo capaz de transmitir a informação que desejar. Isso funciona basicamente porque, ao ser compartilhada, essa mensagem, já de saída, ganha o *status* de informação de manada ao conduzir a falsa impressão de que, por ter muitas pessoas compartilhando, é provável que tenha sido confirmada. Se assim for, talvez seja verdade, por isso acaba sendo outra vez compartilhada. Se é verdade, por ter sido replicada, então fica evidente o risco que o receptor daquela mensagem possa estar correndo. Logo, para se proteger e proteger seus entes queridos, acaba por divulgar aquela informação para o máximo de pessoas que puder.

Notemos que não há aqui a verificação, mínima que seja, porque o que está sendo transmitido não é necessariamente a mentira, até porque a forma mais comum e mais utilizada nesse tipo de transmissão é justamente o humor, o ridículo. O que se está de fato transmitindo é o medo que a simples menção de que aquilo seja verdade causa nos indivíduos, tornando-os mais propensos a acreditar, em momento posterior, na narrativa que mais conseguir dar o verniz de verdade àquele absurdo outrora tratado como sátira ou comédia. Se considerarmos ainda que se essa notícia mentirosa possa carregar uma mensagem que vá ao encontro das ideologias de seu receptor, maiores as chances de que esse não busque por suas fontes ou referências, e apenas as compartilhe com os seus contatos sem pensar duas vezes. Ainda mais se tal notícia falsa, em se tratando de fake news, como as que são espalhadas pelo Brasil nos últimos anos, vier acompanhada dos dizeres: "A mídia não quer que você saiba dessas informações" ou "Isso a mídia não mostra".

COMO ESCAPAR DAS FAKE NEWS

A melhor maneira, não apenas de se escapar de mentiras como também das chamadas fake news é um tanto óbvia, mas também não haveria como ser diferente mesmo: a forma mais eficaz de não ser uma vítima de mentiras é a informação.

Quando falamos especificamente de fake news, essa verificação se torna um trabalho muito facilitado devido ao amplo e quase irrestrito acesso de informação que nos propicia a internet, mas ainda assim é um exercício que pressupõe algum nível de esforço por parte do receptor da mensagem.

O mesmo, no entanto, não ocorre quando falamos de mentiras ditas por outras pessoas, face a face, porque, como já vimos, parte da estratégia de um mentiroso é justamente deslocar sua vítima de um estado de consciência e de crítica para um universo fantástico e acrítico. Por isso é tão comum o fato de, depois de sermos enganados, tendo de rever todo o desenvolvimento da mentira e do engano, nos perguntarmos como podemos ter sido tão bobos ou tão ingênuos, pois, na maioria das vezes, as mentiras podem ser descobertas por meio de simples perguntas, especialmente aquelas que evidenciam um aspecto contraditório da própria narrativa.

Vejamos um exemplo um pouco mais prático, como nos casos dos discursos típicos de estratégias de pirâmide. Fui abordado certa vez com uma proposta "irrecusável" e vou dividir com vocês. É muito comum que, além de inicialmente essas estratégias iniciarem a formulação de seus argumentos tendo como base o oferecimento de uma vida luxuosa e sem muitos esforços – isso geralmente é feito partindo do arrebatamento, usando como artifício músicas de teor triunfante, com pistas de sucesso sem que, no entanto, sejam apresentados dados concretos, o que eleva o estado de curiosidade do público. E sempre de forma empolgante e com a menor quantidade possível de informações escritas, para conseguir esse estado de arrebatamento e suspensão da descrença, opta-se por imagens que por si mesmas conduzem ao entendimento que o vigarista espera projetar em suas vítimas.

Logo após esse primeiro estágio, que já seleciona os indivíduos mais propensos a serem enganados, aqui é comum que entre em ação outra estratégia: a cada um desses passos, o agenciador ou estelionatário faz a célebre pergunta "quem tiver disposição ou coragem, continue, quem quiser se manter como está, pode sair", e essa frase evoca aquela velha sátira que dizia que "somente os inteligentes conseguiam ver a roupa invisível do Rei". E possui o interesse dúplice de primeiro retirar os possíveis céticos das reuniões, porque poderiam ser um obstáculo, e, em segundo, fornecer o estímulo àqueles que decidem ficar, ao promover neles algo de excepcionalidade, como se fossem seres dotados de inteligência superior.

Então, primeiro são atraídos pela curiosidade e pela legítima vontade de iniciar um negócio rentável, depois são arrebatados pela promessa de riquezas e pela manutenção de sua expectativa e curiosidade. Por fim, ainda na primeira fase, faz-se a separação daqueles que mais têm possibilidade de serem convencidos daqueles que se mostrarão mais resistentes. É o efeito manada, utilizado primeiro de forma reversa e depois em sua forma convencional.

Na segunda fase é que o mentiroso oferecerá efetivamente o sonho e explicará o funcionamento da pirâmide. Nesse momento, entrará em cena a figura dos testemunhos orais, em geral realizados por pessoas bem-vestidas e com cabelos muito bem cuidados, sem que nenhum único traço de desleixo fique aparente, pois isso atrai o cérebro, já em estado de condicionamento, a uma ideia de ordem, limpeza e organização, porque essa ideia de ordenamento e assepsia cumpre justamente a função de dirimir as dúvidas geradas pela apresentação da proposta, que é nitidamente desvantajosa, suja.

É importante dizer que essas fases, apesar de serem divididas de forma física entre si, continuam a figurar como tese de fundo da apresentação. O que vai variar é que a cada momento uma dessas fases será posta em evidência.

Superadas as duas primeiras fases, tem início a terceira, que é a ridicularização, na qual o mentiroso, ou o vigarista, começará a dizer coisas como "olha, eu ganharia vinte vezes mais se tivesse ficado no meu escritório, mas no entanto estou aqui, te oferecendo essa chance, e a única coisa que peço em troca é que você invista o seu dinheiro para adquirir uma cota". Percebamos a sutileza dessa frase e de suas similares, pois essa formulação é a mais comum de ser utilizada, e segue o mesmo princípio do golpe do bilhete premiado, porque na verdade o que está sendo dito é "veja, se você não aproveitar o fato de eu estar sendo idiota em te oferecer um negócio que só eu perco, então você é que é o idiota".

Essa formulação tem o poder de atiçar o brio da pessoa, a gana, a vontade, nesse momento é que ela se torna a vítima de uma pirâmide e vê o seu dinheiro, e muitas vezes o seu sossego, ir embora pela janela.

É claro que nem sempre estamos em estado de alerta, no entanto, como havíamos dito, simples perguntas são capazes de te auxiliar a desmascarar um farsante. Por exemplo, no caso citado, por que alguém deixaria de ganhar dez vezes o valor que está ganhando agora apenas para te convencer a entrar no negócio e dividir esse lucro mágico? Isso faz sentido? É algo que você faria?

Se a resposta para todas essas perguntas for não, então saia de perto dessa pessoa e ao menos tente avisar aos demais. Não espere também desmascarar o mentiroso, lembre-se de que, nesses casos, trata-se de mentirosos não apenas contumazes como também profissionais, eles jamais vão admitir sua mentira, ao contrário, lançarão mão de outros artifícios para não apenas desacreditar o que você disse, como também para tentar trazê-lo de volta para a nova mentira, que será apenas um desvio, pois logo retornará à mentira principal.

A primeira parte de qualquer mentira é seu

enunciado, sua manchete. E aí que está o principal anzol que usam para fisgar sua atenção. No geral, são compostas por informações de fácil e rápido entendimento ou palavras de ordem, por exemplo determinados chavões: "PARE DE SOFRER" ou "TEM QUE ACABAR COM TUDO ISSO DAÍ". Perceba que são manchetes vagas, e nenhuma delas diz exatamente o que fazer e nem como será feito. São fragmentos de informações propositadamente formuladas para que o indivíduo preencha as lacunas da forma como bem entender, ou melhor da forma como melhor lhe servir. Falta nesses enunciados a necessária figura do predicado, veja só: "PARE DE SOFRER de dores nos rins, com o uso do medicamento X, tomado X vezes ao dia, por X dias" ou "TEM QUE ACABAR COM TUDO ISSO DAÍ, filhas de generais, solteiras, para receberem pensão até o fim da vida".

Perceba que, sem o predicado, se está jogando a informação para quem quiser dela formular o que quiser: "parar de sofrer", para mim, poderá significar parar de sofrer de amor, de falta de dinheiro ou de um osso quebrado. Da mesma forma que "acabar com tudo isso daí" pode ser em relação à corrupção ou ao uso de vacinas, ou ajudar aos pobres, ou parar com isso daí de empregada doméstica ir para a Disney. É vago, aberto, é mentira. Essas frases são pensadas e disseminadas com a intenção de atrair vítimas que necessitem de alguém que as faça se sentir especiais, inteligentes ou mesmo heroicas, que vão fazer a diferença de alguma forma ou participar de algo muito maior, mas que, na verdade, só estão caindo, mais uma vez, no conto do vigário.

Esse é o motivo que faz com que iniciativas do tipo QAnon ganhem cada vez mais adeptos, porque é vago, e qualquer coisa pode ser usada como sendo ou um indício de veracidade ou como sendo uma "prova" de que há um grupo todo-poderoso que deseja silenciar um grupo de privilegiados intelectualmente que descobriu a nefasta verdade.

E aqui chegamos a outro ponto controverso, que é o uso da verdade para se contar mentiras atrozes. Perceba, vamos analisar um pouco a trajetória de Adolf Hitler, chanceler da Alemanha entre os anos de 1933 e 1945, que dispensa apresentações. É comumente associado a uma pessoa extremamente mentirosa, e de fato o era, mas a maestria desse tipo de mentiroso reside no fato de quase nunca mentir, ou de nunca mentir por algo de menor importância. O próprio Hitler, ao falar sobre a mentira, disse: "Se é para mentir, então que diga uma grande mentira". Então, a grande mentira de Hitler foi dizer que eram os judeus os inimigos da Alemanha, e que tinham um pacto secreto, Os Protocolos dos Sábios de Sião*, que de fato foi um livro que existiu, mas escrito em tom satírico, produzido na Rússia pré-revolucionária, segundo o qual os judeus pretendiam destruir a raça ariana e a cultura europeia.

---

* Na verdade, tratava-se de uma compilação inspirada e plagiada da obra *Diálogo no Inferno entre Maquiavel e Montesquieu*, escrita pelo francês Maurice Joly.

Essa era a sua mentira, e foi com ela que Hitler conseguiu erguer todo seu império de selvageria, tortura e morte. Mas só conseguiu a proeza de fazer seus contemporâneos, ao menos em número suficiente para chegar ao poder, acreditarem em uma ideia, no mínimo tresloucada, como essa, porque reunia em torno dessa mentira diversas outras verdades. Além disso, ancorava todo discurso por meio de chavões quase nunca claros e que necessitavam do preenchimento das lacunas informativas por intermédio de interesses, medos e aspirações individuais dos receptores da informação em si.

Percebamos dessa maneira o óbvio: toda e qualquer mentira, desde as pequenas, diárias, até as maiores, políticas e religiosas, só conseguem reproduzir uma narrativa ou um discurso se houver na outra ponta dessa mensagem, criada e transmitida, quem esteja disposto a crer nela. Não há mentira sem o crente, porque um mentiroso a quem ninguém dá razão, nem atribui veracidade ao que diz, será sempre rematado mentiroso, ou louco ou desonesto.

Não é o mentiroso quem dá qualquer verniz de veracidade às informações falsas que professa. Ao contrário, mesmo que parte essencial da mentira seja justamente criar e propiciar a formação de um cenário, na percepção dos destinatários da informação que possam tornar minimamente crível aquela mentira, é o próprio enganado, a própria vítima, quem concede àquela mentira a veracidade.

Para isso, o mentiroso primeiro constrói um cenário em que possa cativar os seres mais despreparados, e dos quais, na maioria das vezes, pouco ou nada conseguirá extrair em níveis de lucro. Porém, após a mera aceitação por parte desses, a mentira e o cenário ganham corpo, o que possibilita que uma mentira convença outros receptores de camadas menos desprovidas de intelectualidade e razão crítica.

Ainda sobre o nazismo, por décadas persistiu, no seio das academias, a grande dúvida e a pergunta, com certo sentimento de fracasso: se a Alemanha era à época – e ainda hoje o é – um dos países mais intelectualizados e com as melhores taxas de educação da Europa e do mundo, como pode ter acreditado coletivamente em mentiras e devaneios que muitas vezes beiravam não apenas a insanidade, mas também os aspectos mais infantis de medo e de uma crença na vitória desprovida de qualquer senso de realidade possível?

E a resposta para isso é que a mentira se galga e se agarra, não por questões práticas, muito menos por questões racionais, mas sim por questões sentimentais.

Outro exemplo que nos pode auxiliar na explicação desse conceito é o seguinte: imaginemos um homem ou uma mulher, enfim, alguém que faça parte de um casal. No primeiro exemplo, você figurará como sendo amigo próximo desse casal e de seu círculo de convivência. Agora, imaginemos que um dos componentes do casal, o homem ou a mulher, esteja tendo um caso extraconjugal. Será bem mais fácil para você, estando de fora da relação sentimental, ou seja, não possuindo vínculos diretos de sentimento em relação à outra pessoa, detectar possíveis sinais dessa traição. Ao passo que, se invertêssemos a sua posição enquanto observador, ou seja, se situássemos o observador como parte da relação sentimental, esses mesmos sinais seriam mais difíceis de serem percebidos.

Perceba, então, que, quanto mais próximo no relacionamento, embora essa proximidade lhe proporcione um ambiente mais propício para a observação, mais difícil será detectar uma mentira ou um cenário de mentira e fantasia, porque sua mente já estará condicionada a perceber a narrativa que melhor se encaixe em seus desejos. Há, dessa forma, a ressignificação de qualquer mensagem recebida, de maneira que ela possa se encaixar com perfeição nos seus próprios desejos, o que se chama de bolha de conhecimento, ou bolha epistêmica.

A BOLHA EPISTÊMICA

Essa expressão foi criada pelo filósofo e lógico John Woods para explicar a complexa interação entre o que se conhece e o que se acredita que conhece. Ou seja, há uma notável diferença entre conhecer alguma coisa e a interpretação que se concede a esse conhecimento, sempre eivado por critérios de legitimidade baseados nas crenças de uma pessoa, sejam essas crenças* individuais ou até mesmo coletivas.

Chama-se bolha porque restringe a capacidade de o indivíduo ou de um grupo de indiví-

* É válido ressaltar que o termo "crença" aqui não se refere apenas às crenças religiosas, mas sim a qualquer tipo de coisa em que se acredita, como, por exemplo, ideologias, embora as crenças religiosas também possam criar algum tipo de bolha epistêmica. Falaremos disso mais adiante.

duos receberem algum tipo de informação sem que essa tenha passado pela camada protetora da bolha, constituída por um rol de crenças já estabelecidas de verdades e de conceitos de realidade inerente. Ou seja, esse receptor ou grupo de receptores criam em torno de si uma realidade baseada em determinados princípios, semânticos ou não, que tendem a relativizar e a reinterpretar qualquer mensagem recebida: é como se a informação passasse por um filtro, fazendo com que ela chegue à pessoa de forma deturpada por suas próprias crenças.

Esse fenômeno não é tacitamente afeito ao nosso tempo, muito menos é exclusivo das redes de interação social virtual, no entanto, pode ser muito mais facilmente identificado por meio delas, posto que os algoritmos estão programados para dinamizar e ampliar essas bolhas.

Imaginemos um grupo de pessoas, que podem ou não estar presentes no mundo virtual – isso não importa, e diz mais sobre a detecção dessas bolhas epistêmicas do que de sua utilização, pois é o mesmo mecanismo utilizado, por exemplo, por seitas de fim do mundo ou de salvação, como as que pregavam o suicídio em massa. Esse grupo de pessoas é levado a consumir apenas determinado tipo de conteúdo, e a viver e pensar de determinada maneira, a ponto de considerar qualquer mínimo desvio desse *status quo* como algo temerário e que precisa ser combatido.

Perceba que há a criação de uma verdade sólida. O mundo é assim, e não se admite discussão ou mesmo argumentos de dúvida, porque a própria dúvida é posta como sendo um agente capaz de incitar a ruptura daquela verdade estabelecida e mantenedora de uma ordem social desejada.

Podemos explicar melhor a formação dessas bolhas de conhecimento por intermédio de um experimento realizado por cientistas no ano de 1967, em estudos de semiologia, que hoje em dia assume quase a figura de uma fábula científica. Em uma sala fechada e aclimatizada, os cientistas prenderam cinco macacos, e na ponta de uma escada penduraram um cacho de bananas maduras. Todas as vezes que algum macaco tentava subir na escada para apanhar a fruta, todos os macacos da sala recebiam um banho de água gelada.

Depois de alguns banhos gelados, os macacos compreenderam, mesmo que provavelmente não pudessem explicar os motivos, que havia uma correlação entre pegar bananas e ser punido com os jatos de água gelada.

Nesse momento, nessa experiência social, estabeleceu-se um paradigma que regula aquele pequeno universo, ou seja, se tocar na banana, todos recebemos um jato de água gelada.

Estabelecido esse tabu, que é a correlação entre se alcançar a banana e ser punido, os cientistas puderam verificar que todas as vezes que algum macaco tentava subir a escada para poder alcançar as frutas maduras, era severamente castigado pelos outros. Mesmo que, muito provavelmente, quisessem comer das frutas, não queriam ser punidos pelo jato de água gelada.

Assim, temos a criação do tabu e o surgimento de uma lei ou punição. Em um segundo momento, os cientistas foram retirando um por um dos macacos e os substituindo por outros que nunca haviam recebido a punição de tomar um jato de água gelada quando algum deles tentou pegar a banana. Sem saber, os novatos, cada um a seu tempo, tentaram pegar as bananas e foram severamente castigados pelos outros macacos. No início, o castigo vinha daqueles macacos que já haviam recebido a punição da água gelada efetivamente. No entanto, a cada novo macaco que se adicionava em substituição aos antigos, aos originais, procedia-se a mesma reação de agredir o novato que tentasse alcançar as bananas, inclusive pelos novatos que sequer haviam sido punidos pelo jato de água.

A experiência culminou na retirada gradual de todos os macacos originais e na substituição na totalidade de indivíduos, de forma que nenhum dos presentes houvesse alguma vez recebido sequer um único jato de água, mas todos eles foram castigados pelo grupo ao tentar apanhar as bananas.

Quando esse segundo grupo, inteiramente novo e que não possui um único indivíduo que houvesse recebido o jato de água gelada, já estava estabelecido, os cientistas passaram a uma nova substituição gradual, com a formação de um terceiro grupo de macacos. Saía um antigo – do segundo grupo – e entrava um novato, do terceiro grupo. Esses macacos do segundo grupo, que jamais receberam um jato de água como repreensão por tentar pegar as bananas, por si só bateram e impediram os macacos do terceiro grupo quando tentavam alcançar as bananas.

Esse é o paradigma. Não pode pegar as bananas, e quem tentar será castigado pelo grupo, mesmo que esse grupo sequer saiba o motivo pelo qual foi estabelecida a proibição de pegar as bananas.

Então, agora imaginemos que porventura aparecesse um macaco que ousasse alcançar as bananas, e que conseguisse reunir em torno de si outros membros daquela sociedade. Isso seria um ponto de ruptura de paradigma, e esse revolucionário seria visto como um elemento perigoso cujas ações ameaçariam o *status quo*. Por esse motivo, todo macaco inserido na terceira leva era severamente castigado. Isso é uma bolha de conhecimento, logicamente restrita e aqui utilizada apenas para transmitir a ideia inicial.

Mas a bolha epistêmica, ou de conhecimento, é aquela em que os indivíduos ou grupo de indivíduos não apenas vivem sob determinados parâmetros, como também os defendem.

Outro exemplo que podemos facilmente citar para explicar a formação dessa bolha de conhecimento são as crendices populares, como o fato de se comer manga com leite e a eventual morte certa que pode causar. Perceba que essa foi, notoriamente, uma mentira propagada para se evitar que os escravos brasileiros consumissem manga e leite das propriedades de seus "senhores", obrigando-os, pelo estabelecimento de um paradigma e de uma possível penalidade, ao ato de não apenas optarem um por um ou por outro, mas também de passarem aos outros essa informação. Assim, a mentira assume caráter de verdade por causa da quantidade de pessoas que a ela dão veracidade.

Obviamente, é difícil situar o momento histórico no qual essa mentira em específico tenha surgido, mas acredito que quase todas as pessoas, em especial as que tenham nascido antes da Era da Ultrainformação, efetivamente já tenham se deparado com pessoas que levavam essa crendice muito a sério e que muitas vezes até mesmo se arrepiavam quando viam outra pessoa se arriscando a beber uma vitamina de manga com leite.

Perceba que há um lapso, não apenas temporal, entre essa mentira e a situação fática que a ensejou, pois, mesmo tendo já abolido a escravatura e não recebendo nenhum tipo de castigo físico pelo ato, a mentira se propagou além de seu tempo, criando um paradigma que somente diante de uma forte ruptura poderia ser quebrado ou desfeito. Para isso, é necessário que alguém assuma os riscos de experimentar a iguaria, mas ainda assim haverá pessoas que vão se perguntar se não seria melhor, por garantia, substituir o leite pela água.

Poderíamos enumerar uma série de outros exemplos, como não poder virar os olhos em uma ventania, sob risco de ficar assim pelo resto da vida, ou como desvirar o chinelo senão a mãe poderia vir a óbito, bater três vezes na madeira para se livrar de um mal, não quebrar espelhos senão ganha um número – que pode variar segundo as regiões e culturas, de anos de maldição e má sorte, de não cruzar com um gato preto, de se passar por debaixo de uma escada, de se cortar o cabelo em uma determinada época do ano, de não ver a noiva antes do casamento, e uma série quase infinita de pequenos paradigmas do dia a dia que, em conjunto, acabam por criar essas bolhas de conhecimento.

Antes de mais nada, precisamos mencionar que essas bolhas não são apenas para teorias conspiracionistas ou de cunho religioso. Podem, inclusive, ser de ordem científica, por exemplo, quando um cientista transfere à ciência as crenças que ele mesmo rejeita e não permanece aberto a outras possibilidades científicas, por exemplo, da existência de Deus. Porque, vejamos, para a ciência, Deus ou deuses são improváveis, ou seja, não podem ter, por meio de métodos científicos, a comprovação de sua existência. Mas só isso não é suficiente: novamente pelos meios de investigação científica, não se encontraram maneiras para se comprovar a não existência de Deus. Dessa maneira, ao creditar que Deus efetivamente não existe, o cientista incorre no mesmo erro epistêmico, porque dá a uma informação a sua própria interpretação, não deixando espaço para a dúvida.

O que se busca dentro das bolhas epistêmicas é justamente a certeza, a razão e a estabilidade. E qualquer coisa que possa eventualmente desestabilizar essa certeza é vista como sendo perigosa, mentirosa, e passível de ridicularização.

Perceba, então, a conexão entre os processos de se ridicularizar a informação que possa porventura ir contra os paradigmas que sustentem determinadas bolhas. Os terraplanistas, por exemplo, ridicularizam os que acreditam na terra ovalada, sem possuir evidências de que sua crença seja real ou comprovação científica. O que eles desejam, por questões sentimentais, é fornecer a estabilidade e a segurança de suas crenças.

Essas pessoas partem do mesmo princípio axiológico, que é: "Se eu não consigo entender, é porque não existe", o que no mínimo nos sugere uma desonestidade intelectual, tanto de uma pessoa cuja cognição seja reduzida quanto de alguém letrado e estudado. É um fator que tem menos relação com a instrução do indivíduo e maior relação com seus sentimentos: consegue imaginar um engenheiro civil, cujo exercício da profissão exige que se considerem cálculos complexos, para que o projeto por ele desenvolvido não corra risco de desabamento em razão da ação da gravidade e assim não coloque em perigo as pessoas que se utilizarão de suas construções, mas que se declara como sendo um terraplanista e que não crê que a própria gravidade seja real? Parece algo impossível de se conceber, mas essa pessoa realmente existe.

É a própria sensação de dúvida que causa o esforço feito pelo receptor para estabelecer uma crença, a fim de instituir algo como verdade para aquilo que acredita e passa a defender, porque o que se busca é o estado de calma e satisfação, que só pode ser trazido por meio das certezas.

O EFEITO MANADA

Como o próprio nome sugere, é o efeito pelo qual o ser humano passa a optar por dar crédito ou reprisar determinado comportamento, crença ou atitude, desde que validado por outros. Ou seja, quanto mais pessoas estiverem dando razão a um fato social ou acontecimento, é natural que mais pessoas passem a fazer coro, pois se existem várias pessoas realizando ou dando determinado significado a uma afirmativa ou posicionamento, existirá para o indivíduo a sensação de que aquele posicionamento seja correto, seja verdade.

O efeito manada é o que, por exemplo, possibilitou ao ser humano aprender e transmitir o conhecimento, porque somos naturalmente miméticos. Aprendemos por meio, sobretudo, da observação e da imitação. Uma criança dificilmente aprenderá a falar ou a andar de forma bípede se não houver com ela uma família ou iguais dos quais possa imitar os movimentos ou os sons produzidos pela boca. É justamente por essa razão que o ensino de línguas é mais assertivo com relação a seus resultados quando exercido nas primeiras fases de infância.

O que queremos demonstrar com isso não é que o efeito de manada seja por si só positivo ou negativo, não se trata dessa abordagem, mas sim que esse efeito é intrínseco ao comportamento humano. Então, o comportamento de imitar as coisas com as quais se convive, aliado ao medo de ser entendido como alguém apartado daquele meio de convivência, pelo medo de ser visto e compreendido como sendo diferente ou perigoso, é o que possibilita que ideias ou mentiras sejam mais facilmente aceitas.

Podemos perceber, em quase todas as denominações religiosas ou político-partidárias, certos padrões que se repetem, como, por exemplo, o estabelecimento de tabus, que são as regras de convivência que seus adeptos devem seguir, havendo penalidades para os transgressores, que podem ser desde punições reais – em especial nos países de doutrinas menos democráticas – até expulsões e tratativas excludentes. Esse é o primeiro estágio, semelhante às reuniões de pirâmides às quais já nos referimos anteriormente. É o estágio em que se estabelece o corpo social que formará e validará os paradigmas e os dogmas daquela crença.

Por isso, todas essas organizações, em maior ou menor escala, exigem de seus futuros adeptos certas condicionantes para ingressarem naquele meio, visto em um primeiro momento como sendo composto ou por pessoas mais esclarecidas ou por pessoas especiais e escolhidas, em qualquer dos casos, conferindo poder aos seus posicionamentos sociais. É preciso estabelecer um caráter de unicidade para criar um comportamento orgânico.

Vamos considerar uma instituição religiosa como exemplo. Não há condição para que qualquer grupo religioso no Brasil (e consideraremos aqui o Brasil de 2022) estabeleça penas efetivas, ou seja, de castigos físicos, ou de restrição de liberdade para uma fiel que porventura deixe de manter seus cabelos a um determinado comprimento ou que decida não usar determinado tipo de saia que seja mais desejável para aquela denominação.

Mas a punição existe, e essa se dá primeiro por meio do julgamento de seus pares, ou seja, daqueles que aceitaram (ou não) validar um estilo de vida, e depois com o seu completo desamparo social, retirando o sentimento de certeza e de conforto por fazer parte de um grupo e por ele ser aceito como um igual. Notemos assim que o comportamento de manada é primeiro estabelecido com o fornecimento de alguma certeza, arregimentada por tabus, mantida pelo comportamento dos próprios membros, e depois oferece o castigo na forma de exclusão, de perda de segurança. É isso que leva um indivíduo, dotado ou não de inteligência e senso crítico, a adotar voluntariamente uma espécie de servidão, transferindo a outro ou a outros a decisão sobre que tipo de comportamento vai ou não realizar, ou até mesmo que tipo de roupa vai ou não vestir, e ainda mais, que tipo de livro e conteúdo deverá ou não consumir.

Porque é necessário que essa pessoa ou grupo de pessoas esteja o mais afastado quanto possível de influências externas que poderiam de alguma forma gerar qualquer sentimento de dúvida quanto às certezas oferecidas dentro daquele grupo.

Esse efeito pode ser facilmente detectado, por exemplo, se nos depararmos com uma pessoa correndo. Se, por um acaso, outra pessoa começar a correr, é quase certo que isso provoque uma correria coletiva, por mais que ninguém saiba ao certo o motivo pelo qual se esteja ou do que se esteja correndo. Também nos antigos jogos de azar que se praticam em muitos lugares na rua, como, por exemplo, alguém pedindo que se escolha uma carta. Sendo esse um truque ou um golpe, é natural que estejam envolvidos ao menos dois comparsas, o primeiro que é o golpista de fato, o segundo que estará no meio do grupo de espectadores e figurará como sendo a primeira vítima. Essa primeira vítima, nesse caso, efetivamente conseguirá vencer, ou seja, atingirá o seu propósito, e essa vitória conduzirá os demais ao pensamento de que "se ele conseguiu, eu também consigo".

Então, se em um culto ecumênico, o curandeiro, pastor ou padre leva um ator que diga estar possuído por algum espírito maligno, afirmando que todos os males de sua vida são ocasionados por esse espírito, e o pastor, ou curandeiro, ou padre, que aqui não passa de um estelionatário, finge que retira o espírito daquele ator por meio de encenações e jogos, muito provavelmente conseguirá convencer outras pessoas daquela plateia de que tudo aquilo é verdade. Primeiro, a própria plateia já está por si mesma condicionada a querer acreditar naquilo, caso contrário, sequer teria ido até lá. Segundo, no estágio de insegurança, temos a tendência a nos agarrarmos a qualquer coisa que possa restabelecer as verdades em que já estamos dispostos a acreditar.

E uma mentira, na maioria das vezes, é mais fácil de ser aceita do que a verdade, porque essa pode ser simplesmente que uma pessoa que sofreu um acidente jamais voltará a andar, independentemente do tratamento que se adote. Perceba que é mais fácil acreditar em uma mentira em detrimento da verdade, porque é mais reconfortante pensar que, um dia, se pedir com muita fé e viver uma vida dentro de determinados padrões, poderá, sim, ser agraciado com um milagre.

O efeito manada precisa, então, de quatros gatilhos mentais para ser efetivo e produzir seus resultados, que, lembrando, é justamente a ação ou inação de seus membros a ponto de eles próprios defenderem um posicionamento ou atitude, são eles:

- A necessidade de se adequar ao comportamento de grupo.
- A tendência de crer que há uma boa razão para as pessoas agirem como estão agindo.
- A falsa sensação de segurança ao agir em grupo.
- O medo de ser deixado para trás.

EXCLUSIVISMO E AUTORIDADE

Não há mentira que se sustente sem trazer consigo dois aspectos fundamentais. O primeiro aspecto é que essa mentira deve parecer ser algo exclusivo. Para isso, ao ser transmitida, necessariamente precisa ser incompleta, para que o próprio interlocutor preencha as lacunas que ficam e, assim, sob o prisma de entendimento desse interlocutor, ela possa figurar como sendo algo que só ele, ou alguns poucos dotados, consiga entender e compreender. Dificilmente se encontram pessoas que não tentarão explicar fenômenos sobre os quais nada conhecem — em geral, tendemos a tentar justificar qualquer coisa sob nossos próprios conhecimentos, e, na ausência desses, recorremos a analogias ou aos mistérios. Isso ocorre porque nenhum ser humano gosta de ser visto como alguém que não conheça alguma coisa. O segundo aspecto da mentira é que ela precisa trazer consigo a autoridade, o conceito segundo o qual a verdade ali defendida seja a única e verdadeira.

É a questão da velha fábula da Nova Roupa do Rei, e para isso precisamos fazer uma pequena digressão. Havia um alfaiate, em certo reino, que recebeu do Rei a encomenda de uma nova roupa. O Rei, então, exigiu que essa roupa fosse completamente exclusiva e que nenhum outro ser humano pudesse encontrar algo similar em toda a Terra, por mais distante que fosse.

Pois bem, o alfaiate aceitou a proposta e recebeu uma soma vertiginosa de dinheiro para que ele pudesse executar a tarefa. Muito pensou e estudou diversos tipos de tecido possíveis para fabricar a roupa, mas o tempo passava e nada de ele conseguir finalmente executar a difícil tarefa. Até que o Rei, insatisfeito com a demora em ter sua roupa exclusiva, e recebendo como resposta sempre que faltavam pouquíssimos detalhes, disse ao alfaiate que, ou ele entregava a roupa no dia seguinte, ou seria condenado à morte.

Sem alternativa, o alfaiate teve a ideia de apresentar ao Rei uma roupa que somente os puros de coração e os detentores dos mais elevados espíritos conseguiriam enxergar, oferecendo-lhe uma peça de roupa inexistente, invisível, porque não havia nada. O Rei, temeroso de admitir que não estava vendo nada e que assim poderia ser visto como alguém de coração impuro ou de conhecimentos limitados, disse que era aquela a melhor e mais bela roupa que já havia visto em toda sua vida. Ao pedir a opinião de seus ministros, eles, por não quererem desmenti-lo, ou por não quererem ser vistos como pessoas de mau-caráter, fizeram coro às palavras do soberano e o encorajaram a vesti-la. Isso fez com que o Rei, nos momentos mais relevantes de festividades, andasse por todo lado somente trajando as roupas de baixo.

A fábula termina apenas quando, durante um desfile, algumas crianças, que ninguém poderia dizer não possuírem bom caráter ou pureza, posto que ainda não haviam cometido nenhum pecado, começaram a rir do Rei e dizer em voz alta que ele estava nu. Só então, todos admitiram que nenhum deles conseguira ver coisa alguma.

Da mesma maneira ocorre em relação a algum delírio coletivo, no qual, mesmo que ninguém efetivamente tenha visto alguma coisa, como um disco voador, um chupa-cabra, um ET ou um vampiro, podem-se encontrar diversas pessoas que juram de pés juntos que não apenas viram, mas foram até mesmo atacadas ou interagiram com essas criaturas.

CAPÍTULO 4

AS MENTIRAS SOCIAIS

Nem toda mentira possui a característica de ser maléfica. Na verdade, podemos até mesmo dizer que, em grande parte, as mentiras são inofensivas, e são mais comumente utilizadas como pequenos mecanismos de defesa para ou se escapar de uma situação vexatória, ou causar algum tipo de incômodo. A essas mentiras costumamos dar o nome de mentira social, que nada mais são do que aquelas mentiras que usamos no universo cotidiano.

Na maioria das vezes, essas mentiras sociais, essencialmente correlatas aos indivíduos e às suas interações imediatas, não chegam a causar distúrbios ou prejuízos, mas cumprem a função de sobrestar alguma decisão ou alguma conversa que, naquele momento, a pessoa que lança desse recurso não queria ter ou não queria decidir.

É preciso distinguir esse tipo de mentira das demais, especialmente se considerarmos seu nascedouro, pois, ao contrário da mentira compulsória, ela é uma mentira que guarda muitos elementos de racionalidade, como, por exemplo, ao se encontrar com um antigo amigo na rua e marcar de tomar algo juntos, ou de se encontrar de maneira não fortuita, sem ter a real intenção de fazê-lo. Mesmo que ambos saibam que aquele encontro não acontecerá, é normal que os dois mantenham a possibilidade do encontro, e isso não é feito de maneira que alguém nessa interação tenha o objetivo de afastar ou enganar seu interlocutor, não. Mas é justamente o contrário, pois lança-se mão de uma mentira para manter os vínculos com aquela pessoa em aberto, primeiro porque seria desagradável e até grosseiro dizer explicitamente que "não, não quero me encontrar com você", e segundo porque, de fato, na maioria das vezes, há a genuína vontade de se encontrarem, e mesmo que se saiba que esse encontro não se vai materializar, usa-se desse artifício para manter a relação minimamente estabilizada.

Demonstra-se, ainda analisando esse exemplo anterior, o interesse real em se manter a relação por meio de uma mentira, logo, assim como a verdade é uma construção social, que não objetiva romper os vínculos, mas sim exteriorizar uma intenção, uma vontade, que em geral é genuína. Acredito que muitos já tenham passado por situações semelhantes, quando acontece de encontrarmos alguém de forma inesperada, quando marcamos algo para o futuro, somos imediatamente traspassados para uma sensação de realidade, ou seja, naquele momento pensamos mesmo em encontrar com essa pessoa em um futuro próximo, mesmo que saibamos não ser possível pela rotina, pela distância, ou simplesmente por outra razão qualquer. Naquele momento, porém, nossa sensação é genuína, e a vontade, expressada. Da mesma forma, podemos qualificar como mentiras sociais todas as mentiras que podem ou não ser, de momento, estimuladas por um genuíno momento de verdade.

É claro que há também o lado negativo das mentiras sociais, que é quando elas evoluem e se tornam mentiras reais. Vejamos a seguir um exemplo concreto dessa transformação para que possamos construir ao menos um vislumbre da complexidade que naturalmente cerca a questão.

Imaginemos um homem ou mulher, divorciado de seu cônjuge, e que, querendo aproveitar seu novo *status* de solteirice, opte por negligenciar o cuidado e a convivência com os filhos. Veja, esse é um ponto controverso, pois existem os mandamentos legais que estabelecem as obrigações, paternas ou maternas, que vão desde subsídios financeiros até o contato e o cuidado efetivos. Mas também há nessa relação, entre pai e filhos, ou entre mãe e filhos, um comportamento social esperado.

Então, esse pai ou mãe querem viver e aproveitar sua vida de solteiro ou solteira, sem que tenham que arcar com todos os ônus de criar e educar seus filhos. Querem desfrutar de uma vida de liberdade e sem as obrigações, e prazeres, de abdicarem tempo de suas vidas para educarem os filhos. Por questões legais, eles cumprem tudo o que a lei determina, mas optam por não cumprir o que se espera deles socialmente. Perceba que para esse segundo não há uma penalidade que seja previamente estabelecida, não há em nenhum lugar uma pena social escrita ou costumeira estabelecendo que um pai ou uma mãe que não dá a devida atenção e cuidado aos filhos ficará incomunicável, ou que ele ou ela não poderá viajar ou namorar. Não há esse tipo de definição, entretanto, há a penalidade social não escrita, que é justamente ele ou ela ser tido como um pai ou uma mãe ausente ou mesmo uma pessoa dotada de um profundo sentimento egoístico.

Assim, para fugir desse julgamento social, esse cônjuge opta por criar uma fábula que possa justificar ou mesmo explicar seu comportamento. É nesse momento que uma mentira se inicia como uma mentira social – sem prejuízos – e começa a se tornar uma mentira real, com prejuízos: para justificar o fato de não participar da criação dos filhos, o cônjuge passa a transferir sua culpa para o outro, alegando para as pessoas que foi excluído da convivência com os filhos, que tanto queria.

Notemos que, nesse exemplo, seu intuito é tão somente se livrar do julgamento social que poderia recair sobre eles em seus grupos de convivência, não passa disso, mas, ao fazer, inventando uma narrativa para justificar sua situação, o cônjuge cria uma realidade paralela, que, obrigatoriamente, para fazer sentido e para se justificar, precisa ter um vilão que não seja ele ou ela, transferindo dessa forma ao outro o alvo do julgamento, ao menos para as pessoas de seu entorno.

Dessa forma, o cônjuge pode viver a vida que quer sem ser julgado pela sociedade. Como todo mentiroso, acaba por "viver" esse universo paralelo, realmente acreditando nele e se afastando cada vez mais dos filhos enquanto vive uma nova vida, livre das responsabilidades que assumiu ao ter filhos. Passa de vilão a vítima.

ENTRE A FICÇÃO E A MENTIRA

A mentira é traço comum de todo ser humano, e seria até mesmo correto dizer que ela talvez seja essencial para o desenvolvimento de nossa sociedade. Quando digo isso, não estou apenas me referindo à mentira como algo danoso, mas também como algo benéfico para a sociedade. Isso não se refere apenas à mentira em si, mas também à nossa capacidade de criar histórias, afinal de contas, a mentira, antes de mais nada, é uma invenção absoluta. Ou, então, é uma reinterpretação de fatos com filtros de alguém que, por um motivo ou outro, decide usar esse recurso para ser mais bem-aceito, ou para obter determinadas vantagens.

Como já vimos, por questões emocionais, somos todos passíveis de acreditar nas mais absurdas narrativas, e isso tem menos a ver com nossa instrução ou inteligência do que com nosso controle emocional. Ao longo da história humana, vimos, em todas as civilizações já criadas, uma miríade de mentiras e de narrativas, compostas para transmitir alguma ideia e conseguir uma ordenação social. A mentira está intimamente ligada às relações políticas.

Não podemos, no entanto, nos aventurarmos por esses episódios históricos sem deixar claro aqui que, quando nos referimos à política, não estamos falando apenas das macrorrelações que constituem Estados e nações, mas sim de uma interpretação mais profunda do que são relacionamentos políticos, os quais entendo como qualquer relação em que estejam presentes, ainda que de forma mais restrita ou micro, as relações de poder que se estabelecem entre um e outro ser humano.

Por exemplo, na relação entre pai (ou mãe) e filho, quando o pai diz que, se o filho não se comportar, será pego pela mula sem cabeça, ou pelo velho do saco, ou ainda pela Cuca ou por qualquer que seja o elemento mitológico, o que carrega em si uma carga intrínseca de punição ou castigo, o pai está lançando mão de um artifício mentiroso calcado no medo (sentimento) da criança, para que ela obedeça às ordens recebidas, que podem ser de se fazer silêncio, de fazer o dever de casa, tomar banho ou de escovar os dentes. O que importa é que esse pai e essa mãe estão usando de uma ficção (mentira) para exercer controle sobre o filho, fortalecendo o laço político entre eles, em que o pai e a mãe figuram como sendo os líderes e detentores, não apenas da possibilidade de castigar, como também de privilegiar e presentear os seus dominados, no caso os filhos. Ao mesmo tempo, esse pai, ou mãe, furta-se do trabalho de educar, dizer não, ensinar, terceirizando a responsabilidade para os seres mitológicos.

Dito isso, somos capazes de desenvolver as correlações da mentira, não apenas nas relações interpessoais, para ludibriar e convencer, mas também como instrumento de verdadeira pacificação social. É claro que, quando digo isso, pode parecer ao leitor que estejamos desenvolvendo uma espécie de elogio da mentira, mas não é esse o caso. Ocorre que as relações humanas no tempo são complexas, e entender seus meandros exige do estudioso certo nível de desprendimento de conceitos de bem e mal, de claro e escuro, enfim, de maniqueísmos de toda sorte.

Obviamente, toda narrativa, verdadeira, parcialmente verdadeira ou falsa carrega em si certa dose de manipulação ou de interferência, ainda que não seja essa a intenção daquele que transmite a mensagem, pois sempre será contada a partir de determinado ponto de vista, ou de análise, em muitos casos até mesmo de uma observação geográfica.

Vejamos um exemplo histórico simples desse aspecto de ponto de observação. Retornemos à guerra civil romana, que se deu logo após a morte de Júlio César entre seus partidários, Otávio (futuro Augusto), Marco Antônio e Lépido, que ocupavam o segundo triunvirato da República, contra os assassinos de César e que se proclamavam como os salvadores da mesma República, Cassio e Bruto. Notemos que há, de saída entre esses dois grupos, a mesma narrativa, só que oposta, de salvar a República Romana. Então, não se trata de haver entre eles uma mentira em si, mas apenas dois pontos distintos de ver e qualificar a mesma verdade.

Pois bem, após meses de preparação, as duas formações bélicas se encontraram em terras gregas, com forças mais ou menos pareadas em tamanho. Lépido, antigo general de César, permaneceu em Roma, cabendo a Otávio, sobrinho-neto e filho adotivo do antigo ditador, junto a Marco Antônio, antigo braço direito de César, comandar as forças do triunvirato em batalha. Logo, as tropas de Marco Antônio passaram a enfrentar as de Cassio, enquanto as tropas de Otávio enfrentavam as forças comandadas por Bruto.

Inexperiente em comando, Otávio levava a pior enfrentando as tropas de Bruto, mais experiente, enquanto Cassio passava por maus bocados contra Marco Antônio. Ocorre que, no meio da confusão da batalha, ao ver ao longe tropas se desfazendo e recuando, Cassio julgou que Bruto estivesse sendo derrotado tal qual ele próprio estava sendo, e que suas tropas haviam debandado. Pensando-se perdido, ele ordenou a retirada.

No entanto, o que de fato acontecia é que Bruto havia destruído parcialmente um dos flancos de Otávio, ou seja, ele estava vencendo.

Mas ao ver as tropas de Antônio perseguindo as tropas de Cassio em fuga, o próprio Bruto pensou ter sido derrotado e, para não se ver cercado por dois exércitos, também se retirou da batalha, cedendo a vitória, que era quase certa.

Veja que, nesse caso, não se trata de uma mentira pensada, mas sim de uma crença adquirida por meio de um ponto de observação. O que quero explicitar com isso é que, tal qual Cassio na batalha de Filipos, estamos todos sujeitos a sermos vítimas de acreditar em uma versão da verdade que nos seja mais próxima. Porque, veja, se ele estava sendo derrotado, então lhe pareceu lógico deduzir que o amigo também estivesse sendo derrotado, e, sendo esse o caso, tudo estava perdido e não valeria a pena lutar até a morte.

É interessante ainda notar, sobre essa batalha, que, após a vitória, os líderes triúnviros criaram a narrativa de que, na verdade, só obtiveram a vitória, praticamente cedida, por causa da justeza de sua causa e pela interferência direta do espírito vingativo de César, que, sendo invencível em vida, permanecia invencível na morte. O que dava às suas posições de comando um novo senso de irrealidade, ao vincular todos os sucessos militares de seu antigo chefe à própria vida de seus herdeiros. Resolvi fazer essa citação para trazer outro ponto muito importante: tão devastadoras quanto a mentira que nos conta e que aceitamos como verdade são nossas crenças. Às vezes, infundadas ou irreais, nos levam à paralisia ou a tomarmos uma ação de que nos arrependeremos posteriormente. A essas crenças que nos paralisam, eu chamo de "nossos monstros".

Podemos ainda buscar na história, por mais que talvez não seja a primeira mentira militar contada, é seguramente a primeira a ser retratada em murais, que serviam como os telejornais da época antiga, que foi a batalha de Kadesh, ocorrida há mais de 1.200 anos antes de Cristo, entre os egípcios e os hititas.

Para além de seu valor histórico, posto que tenha sido a primeira grande batalha de veículos de tração animal, onde teriam se utilizado mais de 2 mil bigas de ambos os lados, a batalha figura como um dos maiores exemplos históricos da criação de narrativas por meio da manipulação dos fatos de que se tem notícia no mundo antigo, até mesmo por ter envolvido o mais famoso e mais poderoso dos faraós egípcios, Ramsés II.

Por séculos, os historiadores tentaram encaixar a narrativa egípcia de uma vitória esmagadora obtida contra o inimigo com as evidências arqueológicas do período, porque não parecia fazer sentido que uma vitória tão esmagadora quanto as registradas nos murais egípcios pudesse ter produzido um armistício entre os dois impérios crescentes, pois de fato, após essa batalha, nem os egípcios continuaram suas expansões contra o território

Hitita, e nem os hititas continuaram seus avanços contra o território egípcio. Ao contrário, houve um estabelecimento de uma zona neutra, uma espécie de bolsão desmilitarizado entre as duas potências.

Figura 1 - Ramsés liderando a carga das bigas na batalha de Kadesh*

Na Figura 1, podemos ver parte de um dos murais que celebravam, para os egípcios, a grande vitória de Kadesh, em que o faraó aparece triunfal

* Fonte: Templo Meha Abu Simbel - Egito.
Disponível em: https://www.voyagevirtuel.com/egypt/photo/abou-simbel-n7.php. Acesso em: 26 ago. 2024.

liderando seus homens no ataque final. É interessante porque essa seja talvez a primeira representação de uma mentira.

Na realidade, o que aconteceu foi quase um desastre para as tropas de Ramsés, que por pouco não foi cercado e morto em batalha. É claro que o simples fato de ter conseguido dirigir suas tropas e reorganizá-las de forma a obter um empate é algo espetacular, entretanto, nem de longe foi uma vitória, muito menos uma vitória decisiva e esmagadora quanto nos leva a pensar ao olhar para as representações dessa batalha por templos e palácios desse faraó.

Mas, nesse caso, a mentira cumpria duas funções simbólicas: primeiro que, de fato, o empate obtido na batalha concedia à população egípcia a paz que desejavam para poderem tocar suas vidas, depois que, novamente, de verdade, o faraó mostrou-se um grande líder, com habilidades de liderança e de reorganização invejáveis. Então, ao propagar nos murais uma vitória, não estavam dizendo uma mentira, mas sim transmitindo esses conceitos vitoriosos de forma gráfica. Primeiro, porque seria complexo demais explicar ao povo todos os meandros das consequências desse empate bélico e do tratado de não agressão mútua que se seguiu a ele. Segundo, da mesma maneira que uma criança enxerga no pai e na mãe uma figura de poder ilimitado e infalível, também a população precisava enxergar em seu líder, no caso o faraó, esse ser todo-poderoso e que fosse dotado de invencibilidade e infalibilidade.

OS MITOS E SUAS FUNÇÕES SIMBÓLICAS

Outra espécie comum de mentira social corresponde diretamente a formulações de significados que possam dar sentido ao mundo prático.

A isso damos o nome de mitologia, e é importante diferenciar um mito de um folclore, porque o primeiro, apesar de não se tratar de um conjunto de verdades ou de explicações verdadeiras, assim como também ocorre com o segundo, é uma explicação dada a certos fenômenos reais, tomando como base a possibilidade ou as condições de seus observadores de explicar aquele acontecimento a partir de suas próprias habilidades ou conhecimentos. Enquanto o segundo, o folclore, é toda representação cultural de um povo, ou seja, os mitos compõem o folclore.

Vejamos que não havia em tempos remotos a possibilidade de se entender os fenômenos naturais, a não ser por intermédio da observação. Por meio dessa, era possível predizer quando cairia uma chuva capaz de propiciar o crescimento dos grãos. Então, ao transferir um evento sem explicação racional, que nesse caso é a chuva, para uma entidade deificada, poderia se estabelecer uma relação política entre Deus e o homem. Daí vêm rituais como a dança da chuva ou os sacrifícios feitos nas épocas de plantação, direcionados a

Deus não apenas para que ele trouxesse a chuva, mas que a mandasse de forma não violenta, ou seja, que fosse capaz de molhar o solo, mas que não se tornasse forte o suficiente para levar a plantação.

Quando recorremos a exemplos históricos para descrever mitos, é certo que surge um hiato de observação, como se estivéssemos a dizer que apenas os povos antigos e sem conhecimento tecnológico e científico fossem afetos ao desenvolvimento de mitos que pudessem explicar as coisas que não se entendem. Entretanto, basta um simples olhar para nosso entorno e poderemos detectar uma série de mitologia tão vasta quanto a dos gregos antigos, e se não nos soam, como aquelas, como elementos nascidos da falta de conhecimento, é tão somente pela ausência de seu fator cotidiano.

Esse processo de mitologização decorre da observação individual e coletiva. Os antigos colocavam uma pedra em cima da barriga dos enfermos para curá-los de enfermidades. Se o doente se curava, significava que a pedra funcionou, caso contrário, foi porque o processo não foi realizado da maneira correta ou porque o curandeiro havia perdido seus dons especiais.

Os mitos funcionam para conferir significado às coisas que cercam o homem, por isso são tão comumente utilizados na psicologia, por causa de suas significações interpretativas. Não que o mito por si só queira dizer algo para além daquilo que traz na primeira de suas camadas informativas, mas sim a construção daquele, os conceitos, os medos e as expectativas que nortearam sua criação é que nos conduzem ao descobrimento dos elementos que de fato propiciaram sua utilização futura.

A formação mitológica é apenas uma formulação sintética de uma verdade que quer propagar, não importando em si o objetivo dessa propagação, mas sim fornecer certezas acerca de algum fato que não se consegue encontrar, alguma explicação que seja além de racional, de fácil entendimento.

Trago aqui alguns exemplos de mitos:

- **Mito de Cronos:** mito que trata sobre o tempo e o nascimento dos deuses. Cronos, o tempo, era filho de Gaia e Urano, que representavam a terra e o céu, respectivamente. Uma antiga profecia dizia que um de seus filhos iria destroná-lo, então Cronos engoliria os filhos, buscando evitar que essa profecia se cumprisse. Reia, sua esposa, conseguiu salvar uma de suas crianças, Zeus, que derrotou seu pai e libertou seus irmãos Poseidon, Hades, Deméter, Hera e Héstia.
- **Mito de Pandora:** mito sobre a primeira mulher, sobre a curiosidade humana e o surgimento dos problemas no mundo, muito semelhante à passagem bíblica sobre Adão e Eva.

Pandora foi criada por Zeus para se vingar de Prometeu, que entregou aos homens o segredo do fogo. Pandora se casou com o irmão de Prometeu, que se tornou guardião de uma caixa, que nunca deveria ser aberta, e apenas Zeus sabia o que havia em seu interior. Pandora, com sua curiosidade, abre a caixa e libera o que havia em seu interior: os maiores males do mundo. Com a liberação desses males entre os homens, Zeus se vingou de Prometeu.

- **Mito de Orfeu e Eurídice:** mito sobre o destino e a morte. Orfeu e Eurídice eram um casal apaixonado. Picada por uma serpente, ela acaba morrendo. Orfeu vai até o mundo dos mortos para buscá-la, conseguindo passar pelos muitos desafios do caminho tocando sua harpa, que teria sido presente de seu pai, o deus Apolo. Ao chegar até Hades, Orfeu o comove com sua música e, por intermédio de Perséfone, permite que Eurídice saia do mundo inferior, mas desde que Orfeu só olhe para trás, vendo sua amada, após estarem sob a luz do sol. Ambos seguiam pelo caminho de volta ao mundo dos vivos, e quando Orfeu chega à luz, olha para trás para ver se ela o estava seguindo, e vê Eurídice próxima ao fim do túnel, mas em razão de ele ter olhado para trás antes de Eurídice atingir o sol, ela é levada de volta por Hades, reencontrando-a apenas quando morre.

- **Mito de Eros e Psiquê:** mito que trata do amor e sua união com a alma. Psiquê teria sido a mulher mais bonita do mundo, causando a ira da bela deusa Afrodite, que ordenou a seu filho, Eros, que a punisse, porém ele se apaixonou pela moça. Eros, então, pede ajuda a Apolo, pois não sabia como deveria conquistá-la. Apolo, então, afasta os pretendentes de Psiquê e faz com que seu pai a deixe em uma colina, sozinha. A moça, abandonada pelo pai na dita colina, adormece e, quando acorda, está próxima a um castelo, e uma voz diz a ela que seu futuro marido a veria à noite, mas que ela nunca poderia ver seu rosto. Psiquê se apaixona por seu marido, e, por curiosidade, acende a luz enquanto ele dormia, e viu que o deus Eros estava a seu lado, o que fez com que precisassem se separar. Psiquê passou por vários desafios em busca de salvar seu casamento. Eros, vendo todo o seu esforço e arrependimento, pede aos deuses que abençoem sua união, resgata Psiquê e a torna imortal.

- **Mito de Narciso:** mito sobre a beleza e a vaidade. Diz-se que Narciso era tão vaidoso e admirador da própria beleza, que, ao se observar no reflexo de um rio, acaba ali caindo e morrendo afogado.

Mas não é apenas no mundo antigo que encontramos presente a mitologia, ao contrário, mesmo em nossos dias, da Era da Ultrainformação, encontramos tantos mitos quanto antes, senão até mais. E isso se deve principalmente aos veículos utilizados para a propagação desses mitos – assunto que trataremos mais amiúde no avançar dos capítulos.

Vejamos alguns exemplos de mitos modernos:

- **Manga com leite:** deste mito já tratamos ao longo do livro, mas algo interessante é que pode haver variações dependendo da região onde a pessoa está e da geração à qual pertence, em que os mais velhos costumavam tratá-lo como um veneno, e as gerações mais recentes ouviram que consumir a fruta com leite causará um mal-estar estomacal.
- **O estresse fará nascer mais cabelos brancos:** não é bem assim, pois o estresse pode provocar a queda de cabelo, não o aumento dos fios brancos.

- **O ser humano utiliza apenas 10% da sua capacidade cerebral:** ouvimos isso desde que nos entendemos por gente, e pensar em se utilizar a capacidade total do nosso cérebro mexe com o imaginário das pessoas, virando até tema de filme em Hollywood. Mas o que ocorre é que utilizamos, sim, todas as áreas do nosso cérebro, e, para constatar isso, basta analisar um simples exame, chamado de eletroencefalograma, que mostra a atividade elétrica cerebral. Graças ao eletroencefalograma, podemos ver quais áreas do cérebro são utilizadas em cada atividade que executamos, e comprovadamente utilizamos todo o nosso cérebro, só que não todas as áreas ao mesmo tempo. Não se preocupe se você acreditava que utilizava só 10% do cérebro até o presente momento, pois muitos ainda o fazem.
- **A língua humana é dividida em várias partes, e cada uma delas é responsável por sentir um determinado sabor, sendo uma parte**

para o doce, outra para o amargo, uma para o salgado e outra para o ácido. Essa é mais uma informação que recebemos quando somos crianças, e se você nunca testou isso, perdeu a chance de refutar seus professores. Claro que há diferenças em como cada pessoa, em especial entre homens e mulheres, sente um determinado sabor, mas não há nada mais do que isso.

- **Consumir álcool mata seus neurônios:** desde que não se consuma álcool em excesso, beber não vai alterar o número de suas células cerebrais, e mesmo que alguém consuma uma quantidade de álcool muito alta por um longo período, a degeneração causada aos neurônios pode ser reversível. Ou seja, os neurônios podem se regenerar em razão de sua capacidade de neurogênese.
- **"Tomar uma para esquentar":** se você pretende beber álcool para superar climas

frios, cuidado com isso, pois em dia com temperatura muito extrema, você pode estar em risco de hipotermia. O efeito da bebida alcoólica no corpo, assim como o café, traz uma sensação de calor, mas na verdade o que está acontecendo é que sua temperatura corporal está baixando.

- **Deve-se evitar tomar "friagem"*, pois você pode pegar um resfriado:** bom, não é um simples vento frio que vai causar um resfriado, pois assim como a gripe e como o coronavírus, que passou a fazer parte também da nossa vida a partir de 2020, é um vírus o responsável por deixá-lo resfriado. Ocorre que, em épocas do ano que são mais frias, optamos por nos manter em locais fechados para nos aquecer

---

*https://edition.cnn.com/2022/12/06/health/why-winter-colds-flu-wellness/index.html - In what researchers are calling a scientific breakthrough, scientists behind a new study may have found the biological reason we get more respiratory illnesses in winter. It turns out the cold air itself damages the immune response occurring in the nose.

melhor, e a propagação desses vírus fica mais fácil. Outro mito é o de que tomar vitamina C vai prevenir esses mesmos resfriados, mas é um exagero acerca das capacidades dessa vitamina, pois sua atuação se dá na melhoria do sistema imunológico*, assim como as demais vitaminas, tão necessárias para manutenção da saúde do corpo.

- **Para saber a idade de um cão em comparação à humana, basta multiplicar sua idade por sete:** esse não é um cálculo tão simples, uma vez que cada animal pode apresentar as suas particularidades, especialmente se analisarmos os diferentes portes que podem ter.
- **O hábito de estalar os dedos causará artrite:** esse mito tem outras variações pelo Brasil, e muitos afirmam que, além da artrite, esse hábito pode entortar os dedos, torná-los

* https://www.ncbi.nlm.nih.gov/pmc/articles/PMC5707683/; https://www.frontiersin.org/articles/10.3389/fimmu.2020.574029/full

mais rígidos ou engrossar as articulações, fazendo com que se perca seus movimentos com o tempo.

- **Chicletes (na minha geração, é comum se referir à goma de mascar pela marca mais famosa dos anos 1980) engolidos ficam grudados no intestino:** esse é outro mito que varia de acordo com a localidade ou com a época, em que muitos afirmam que o chiclete ficará por anos no organismo até que seja digerido, mas ele passa normalmente pelo sistema digestivo, só não é totalmente desfeito, como ocorre com outro alimento qualquer. Por isso, precisamos levar em consideração a quantidade de chiclete que engolimos, pois uma grande quantidade de goma pode causar obstrução intestinal, no entanto, apenas um acidente não vai prejudicar o organismo.

- **Deve-se cortar o cabelo, pois ele fica mais forte:** não há comprovação disso, e profissionais dizem que o que pode acontecer é que você retira pontas quebradiças e tem uma sensação de maior saúde capilar. O mesmo se aplica à raspagem de pelos e cabelos, que não engrossam quando raspados, apenas há essa falsa impressão.
- **Urina melhora queimaduras de água-viva:** assim como o vinagre, o limão e a água salgada do mar para aliviar essas queimaduras são mitos. Água em abundância é o mais indicado nesses casos.
- **Animais possuem uma memória de curtíssimo prazo, durando apenas alguns segundos:** é muito comum ouvirmos esse mito sobre cães e peixes. Estudos comprovam que peixes conseguem guardar informações e usá-las depois,

como um experimento que comprovou que o peixe se lembrava do local do aquário onde era colocada a comida depois de o pesquisador passar certo tempo repetindo esse ato. Sobre os cães, caso esquecessem tudo o que aprendem, não saberiam fazer truques.

- **Golfinhos são os seres mais inteligentes depois do ser humano:** os níveis de aprendizado dos golfinhos são bastante similares aos de diversos primatas e aves, como os papagaios. Estudos afirmam que a memória dos cães pode ser também mais ampla.
- **Utilizar óculos escuros, mesmo sem proteção UV, é melhor que não usar nenhum:** mentira. Se você se expõe com lentes escuras à luz sem essa proteção, pode queimar suas retinas, afinal as pupilas estarão dilatadas em razão da falsa escuridão e não se protegerão.

- **O sol é uma bola de fogo amarela:** aqui temos dois mitos. O primeiro é o de que o Sol está em chamas, o que é uma grande mentira. O que ocorre no Sol, e o torna muito quente, é um processo que chamamos de fusão nuclear, e não fogo ou lava. O outro mito é o de que o Sol é amarelo, mas, na verdade, é branco. Vemos o astro em um tom mais amarelado porque a atmosfera altera suas cores, e as imagens oficiais das estações espaciais, por exemplo, são alteradas para que nossa assimilação seja mais fácil ao vermos sua representação.
- **Quando assustados, os avestruzes escondem sua cabeça embaixo da terra:** o que fazem é abaixar a cabeça bem próximo ao chão, para que predadores acreditem que são plantas ou arbustos. Mas o avestruz é um bicho muito veloz, então muito provavelmente consegue fugir de quase todo predador

apenas correndo.

- **As unhas e os cabelos continuam crescendo depois que a pessoa morre:** essa sensação é causada em razão da desidratação da pele, o que faz parecer que as unhas, os cabelos, até os pelos e a barba estão mais compridos.
- **As orelhas e o nariz continuam crescendo até o fim da vida:** outra informação incorreta. Sabe-se que a orelha cresce quase que completamente até os 7 anos de idade, e o nariz, aos 21 anos. O que ocorre é que a flacidez da pele causada pela perda do colágeno faz com que acreditemos que essas partes do corpo continuam a crescer.
- **Tubarões podem ser a cura para o câncer:** a crença de que esses animais não estão suscetíveis a desenvolver algum tipo de câncer é, além de mentirosa, um prato cheio para charlatões de todo tipo, que vendem sopas de

barbatana de tubarão ou produtos variados feitos com sua cartilagem que garantem fertilidade ou a prevenção dessa doença.

- **Moscas vivem apenas 24 horas:** esses insetos podem viver até 28 dias. Os efemerópteros são insetos com a vida bem curta, mas as fontes divergem sobre os dados, algumas alegando que vivem por 24 horas, e outras afirmando que vivem apenas poucos segundos.
- **Temos apenas cinco sentidos (visão, audição, tato, paladar e olfato):** verdade, mas esses são apenas os sentidos fundamentais, existindo outros. Dependendo da definição, podem ser citados até 21 sentidos diferentes, entre eles o senso de equilíbrio, de passagem do tempo, de sensação de dor e de localização corporal.
- **Touros se irritam quando veem a cor vermelha, por isso atacam os toureiros:**

para quebrar esse mito, muitos dizem que eles se guiam nas touradas pelo movimento e brilho da capa, e que sequer enxergam a cor vermelha. A parte sobre o movimento da capa é absolutamente verdade, mas esses animais são, sim, capazes de enxergar o vermelho.

- **Você pode ter ouvido, ou mesmo se deparado em algum momento com algum filme ou desenho ou mesmo alguma reportagem que dizia que a água escorre para o ralo em sentidos contrários segundo o hemisfério em que esteja:** é o chamado efeito Coriolis*, e de fato existe quando se trata de furacões, mas sua incidência é muito sutil para ser percebida em pequenas quanti-

* Observada pelo geômetra francês Gustave-Gaspard Coriolis, no ano de 1835, a força Coriolis (que leva seu nome) aparece como um componente suplementar da "força centrífuga", sentida por um corpo em movimento relativo a um referencial em rotação. Disponível em: http://fisica.ufpr.br/grimm/aposmeteo/cap7/cap7-3.html. Acesso em 26 ago. 2024.

dades de água, então é mais um mito, mais uma crença que provavelmente lhe contaram e que não corresponde a uma verdade, ao menos não da maneira como é propagada. Trata-se, assim, de uma meia-verdade, mas que, às vezes, até por economia quanto a explicações que poderiam ser mais complexas, é reduzida de forma que fique mais palatável ao entendimento mais amplo, mais geral. Existem vídeos na internet que comprovam essa teoria, e existem outros que a rebatem, mostrando que, na prática, o que vai determinar em qual direção a água vai escorrer é externo, como qual a inclinação em que se encontra o recipiente ou a forma como a pessoa iniciará o experimento, sendo mais uma questão de inércia, de Newton, do que da inércia, de Coriolis.

- **As vacinas causam mais doenças:** bom, no Brasil de 2021, esse parece ser um tema, além de central, também controverso, afinal é o ano em que podemos ver mentiras sendo espalhadas ao vento sobre vacinas, de que elas transformam pessoas em jacarés, concedem magnetismo aos corpos dos vacinados, ou que inoculam nos corpos das pessoas microchips espiões para controlar nossa mente, ou, ainda, que sejam, na verdade, parte de uma grande trama global que visa escravizar as pessoas a mando de reptilianos que vivem e controlam o mundo por meio de suas câmaras subterrâneas localizadas na Antártica e por aí vai. É claro que a vacina, assim como qualquer medicamento, possui certo grau de contraindicações e até de efeitos colaterais, mas seus benefícios são comprovados por meio de estudos clínicos, maiores do que os riscos. É muito comum ainda, em especial nos círculos afetos a teorias de conspiração, que se use como argumento para questionar a funcionalidade das vacinas o fato de não haver uma vacina que cure* em definitivo o vírus da gripe, recorrendo-se sempre a aforismos como "se a vacina é tão boa, por que não consegue sequer curar a gripe – a vacina não tem função curativa para viroses, e sim preventiva. Vacinas para o câncer estão sendo desenvolvidas, porém, com o intuito de cura?". Ora, isso é um pensamento no mínimo absurdo, pois o vírus tem uma capacidade enorme de mutar. Grosso *modo*, pode-se dizer que não haja um único vírus da gripe, mas sim tantos quantos forem os infectados, então por óbvio é virtualmente impossível de se criar uma vacina que consiga dar cabo de forma simultânea a suas tantas variantes. Mais comum em outros países, mas que também em terras Tupiniquins encontra

* https://www.pfizer.com/news/articles/how_vaccines_work_immune_response_and_the_body_s_reaction#:~:text=Vaccines%20can%20train%20your%20body,the%20immune%20system%20to%20respond. Acesso em: 26 ago. 2024.

suas variantes, é o argumento de que a vacina seja a causa do autismo. Isso porque o doutor Andrew Wakefield (Estados Unidos)* escreveu um tratado correlacionando a vacina tríplice viral (sarampo, caxumba e rubéola) com o autismo, no entanto, verificou-se que esse estudo trazia dados falseados, literalmente manipulados para sustentar o que era de interesse do seu autor. Mas, como já vimos, uma mentira não precisa de muito, além de ser apenas suscitada para ganhar adeptos e propagandistas, ávidos por fazer parte de um pequeno e restrito grupo que detém a verdade e para os quais a "verdade os libertará".

- **O Efeito Mozart****:** um estudo dos anos 1990 que afirmava que existia um Efeito Mozart, que afetaria positivamente o cérebro humano,

* https://www.ncbi.nlm.nih.gov/pmc/articles/PMC5789217/ / Vaccination as a cause of autism—myths and controversies

** https://www.nature.com/articles/s41598-021-95922-7 / Musical components important for the Mozart K448 effect in epilepsy

acabou gerando uma série de interpretações e novas pesquisas. A mais famosa e controversa interpretação desse estudo afirmava que crianças menores de três anos expostas à obra de Mozart teriam seu QI aumentado, ou seja, a música clássica na infância nos tornaria mais inteligentes. Essa interpretação já foi rebatida por diversos estudos posteriores.

- **Mitos do café:**
  - Se algum amigo seu falar que é viciado em café, saiba que ou ele está fazendo uma piada para justificar seu consumo exagerado da bebida, ou está dando ouvidos a fontes enganosas, pois não há nenhuma comprovação, segundo a Organização Mundial da Saúde (OMS), de que a cafeína cause algum tipo de vício similar ao álcool ou às drogas, e, principalmente, a quantidade de cafeína presente no café nem é assim tão grande (no máximo 2,5% da

composição química do café é cafeína). Se você considera que toma muito café, saiba que é por puro prazer ou simplesmente hábito.

- Criança não pode tomar café: isso só é verdade para crianças até os dois anos de idade. Depois é, sim, possível, com atenção às quantidades ingeridas.

- **A comida que cai no chão leva cinco segundos para ser contaminada por bactérias presentes no chão:** de maneira geral, é preciso, claro, considerar questões como temperatura, tanto do ambiente quanto do alimento, mas também o tipo de superfície com que esse alimento terá contato. Mas não há nenhuma evidência de quanto tempo as bactérias levam para "subir" no alimento. Pode ser um segundo, como pode levar até quinze segundos, e em um ambiente mais hígido, até mais tempo.

- **O soro da verdade:** essa é interessantíssima, sob vários aspectos. Primeiro para aqueles que são fãs de filmes de espionagem e tramas geopolíticas, segundo porque sua existência é muito antiga e remonta aos primórdios da civilização romana, que até produziu sobre isso um aforismo *in vino veritas*, "no vinho se encontra a verdade", e por fim porque não é de todo uma mentira. É fato que, assim como o álcool, o tiopentato de sódio ajuda na inibição, mas a verdade é que dificilmente alguém que já não esteja predisposto a revelar um segredo o fará apenas por estar sob efeito dessas ou de outras substâncias, então, é possível que com treinamento mental apropriado, e desde que a pessoa não seja propensa a revelar as coisas, ela consiga manter-se em silêncio, mas daí a manter uma história fictícia, já são outros quinhentos...

- **Einstein era mau aluno em matemática:** não se sabe quando surgiu esse mito. É verdade que Einstein contou com a ajuda de outros matemáticos ao longo de sua carreira, mas durante o ensino, na verdade, começou a estudar cálculos avançados três anos antes da sua grade curricular.

TEORIA DA EVOLUÇÃO

Novamente, tomamos as religiões como pano de fundo, e aqui não estamos nos direcionando a nenhuma em específico, mas sim ao próprio conceito de religiosidade como sendo um terreno muito fértil para o surgimento de, senão mentiras, ao menos inverdades. Isso se dá, dentre outras coisas, pela função sociológica que a religião cumpre e pelas características que os mitos assumem. É de fácil compreensão e entendimento que uma religião é, também, na maioria dos casos, instituição política, ou seja, que detém junto a seus dirigentes determinadas aspirações, e essas aspirações necessitam de um discurso que possa fazer convergir a realidade para as crenças dogmatizadas por aquele clero específico. Esse tipo de mentira, de caráter ideológico, não serve apenas para estabelecer uma nova realidade que seja aparente, mas também como defesa, quando usado de forma negativa para invalidar uma ideia em que ou não se acredita ou que possa de alguma forma desmistificar fundamentos religiosos.

Tal fenômeno fica muito evidente, por exemplo, quando observamos as diversas mentiras pelas quais diversas teorias foram vítimas ao longo da história. E aqui, note que não estamos falando de negações, mas de ataques que visavam desacreditar um posicionamento, no mais das vezes científico, por meio da proposição de mentira acerca do que as teorias defenderiam. Foi assim com a descoberta da não planicidade da Terra, ou do heliocentrismo – mais recentemente, por mais bizarras e inverossímeis que essas duas possam parecer, estão retornando ao nosso dia a dia. Também a Teoria da Evolução, de Charles Darwin, foi e ainda é vítima desse tipo de mentira, que não possui o objetivo de negar a teoria, mas sim conferir a ela algum tipo de posicionamento, desacreditando seus fundamentos.

Tais mentiras em geral são formuladas primeiro por alguma leitura equivocada, segundo algum objetivo específico, ao que os romanos chamavam de *Reductio ad absurdum*, que era um método de oratória que consistia em reduzir as ideias de seus oponentes até um estágio tão pouco crível que pareceria absurdo acreditar naquilo, e, como consequência, invalidaria todo o discurso.

Por exemplo, ao dizer que Darwin afirmava que o homem descendia dos macacos, visa-se estabelecer uma ideia pouco crível dada às diferenças entre um homem e um macaco. Entretanto, o que o naturalista inglês disse em seus estudos é, primeiro, que todo ser, tanto os vivos quanto os que já viveram na Terra, possui um mesmo ancestral comum que, ao longo dos milênios e devido às condições do ambiente em que estivesse inserido, foi se modificando ao ponto de se tornar um ser completamente distinto, criando novas famílias e novas espécies, até se chegar ao ramo dos primatas. Nesse ramo, em dado período evolucionário, houve a separação entre ramos que evoluiriam até os macacos atuais, e outro que seguiria até a evolução da nossa espécie, Homo.

Podemos perceber, então, que há nessa proposição inverídica o uso de recortes específicos e translações de informações.

Aqui, temos a proposição original, da qual podemos destacar uma série de informações que, juntas, formam e dão o real sentido à frase, mas que, se separadas, podem conduzir a um racicínio distinto daquele originalmente pensado para a mensagem em si. Vamos a elas:

1. **Homens e macacos são hominídeos.**
2. **Homem e macaco descendem do mesmo ancestral.**

Essas duas informações, presentes no argumento central da primeira proposição, são verdadeiras, mas não chegam a exaurir toda a mensagem anteriormente transmitida, e é exatamente por isso, pelas lacunas de informação, que podem ter seu sentido dobrado até o ponto de desmentirem ou modificarem completamente o sentido original. Vejamos:

1. **Se homens e macacos são hominídeos, então homens e macacos são iguais.**

Ora, tal mensagem, assim reduzida, jamais fez parte da mensagem transmitida originalmente, apesar de guardar com ela certas semelhanças, então, neste caso, não estamos propriamente diante de uma mentira, mas de uma manipulação da verdade, que pode, em conjunto com o outro fragmento componente da mensagem original, ter seu sentido completamente modificado, transformando-se em:

2. O homem descende do macaco.

Percebam que da frase original se mantiveram apenas os núcleos de informação, reduzindo a mensagem de forma que seu sentido fosse completamente alterado e, na verdade, até mesmo distorcido. Mas que, desse modo, pode, mais que a mensagem original, ser compreendida com facilidade, porque é óbvio, visivelmente para qualquer observador, que um macaco difere em muito de um ser humano. Logo, ao se crer nessa afirmação distorcida, ficará mais fácil que o receptor dessa mensagem, mesmo não tendo se aprofundado em toda a teoria, desacredite do todo por causa de um fragmento distorcido da mensagem original.

Esse tipo de exercício de quebra e remontagem da mensagem original é costumeiramente realizado, tanto em religiões quanto, e principalmente, na política. Isso porque, nesses dois meios, visa-se à comunicação de massas, e essa comunicação precisa ser realizada da forma mais simples possível, para que seja compreendida pelo maior número de pessoas, e que assim gere menos ruídos. Apesar disso, pode, e na maioria das vezes o faz, conduzir a entendimentos errados ou verticalmente contrários ao que antes havia sido descrito na mensagem original.

OUTROS MITOS

As cobras são hipnotizadas pelo som. É muito comum vermos em filmes os encantadores de cobras Najas, principalmente os indianos. É óbvio que, de fato, elas ficam em estado de perplexidade hipnótica, mas não foi descoberta nenhuma correlação entre o som ou qualquer tipo de nota que as pudesse hipnotizar, mas sim os movimentos sinuosos que o encantador faz com a cabeça, que a cobra, por instinto, acompanha. A ciência já evidenciou que diversos animais, em especial felinos, se acalmam ao ouvir música clássica, mas isso não se aplica aos répteis, e muito menos às cobras, que são, aliás, surdas para os sons propriamente ditos, apesar de conseguirem detectar as ondas sonoras.

Napoleão era baixinho. Esse é mais um exemplo de mentira política, cunhada para justificar e desmerecer um adversário político. De fato, para os padrões atuais de altura do homem ocidental, Napoleão poderia ser considerado baixo, mas para os padrões de sua época, seu 1,68 era dentro da média. Essa mentira foi fabricada para dizer que sua sede de conquistas era devido ao fato de se sentir pequeno ante o mundo, mas na verdade, há aqui duas mentiras correlatas: a primeira é sobre esse personagem histórico ser baixinho, e a segunda é uma incorreta compreensão das teorias de Sigmund Freud acerca dos traumas infantis e das consequências deles na vida adulta.

Os vikings usavam chifres em seus capacetes. Isso é uma fantasia que surgiu devido a representações verbais desses guerreiros nórdicos obtidas de relatos da Idade Média, em que esses povos – noruegueses, suecos e dinamarqueses em sua maioria – invadiam e saqueavam diversas cidades europeias cristãs, que os associava a figuras demoníacas. Ocorre que os chifres não seriam sequer úteis para uma batalha, posto que fariam pesar o capacete e atrapalhar no equilíbrio do guerreiro. Mas acabou sendo incorporado de tal forma ao imaginário, que acabou representando a figura desses guerreiros, tanto nas obras de ficção quanto no imaginário popular.

Hoje é comum estranharmos o fato de os ingleses transitarem pelo lado esquerdo da via em seus carros, da mesma maneira que estranhamos o fato de os países de língua inglesa não usarem o sistema métrico. Mas fato é que esses costumes, tanto de trânsito quanto de medição, eram comuns durante o Império Romano e mesmo durante toda a Idade Média, e só durante o governo de Napoleão é que se modificaram para a forma que a conhecemos. No entanto, como o imperador francês não conseguiu dominar a Inglaterra, bem como seus territórios (os Estados Unidos já não faziam parte do Império Britânico), lá permaneceram os sistemas antigos. Assim, é incorreto dizer que são eles que estão fazendo de um jeito diferente, pois o correto, do ponto de vista histórico, é justamente a forma como fazem. Na verdade, nós modificamos a maneira antiga.

O verdadeiro introdutor da massa na Europa, em especial na Itália, não foi o navegador Marco Polo, mas sim os árabes instalados na Sicília.

Há diversas lendas quando se trata de piratas, desde o fato de que enterravam seus tesouros até maldições e sereias, mas, apesar de terem constituído um real perigo para a navegação durante dois séculos, a verdade é que a maioria deles esteve a serviço de países concorrentes. Os piratas eram contratados para saquear navios de nações rivais, e mesmo que muitos deles, como Barba Negra, tenham sido verdadeiros barões guerreiros do mar, gastavam tudo o que obtinham dos saques, muitos deles inclusive retornando para seus países de origem e se aposentando como nobres ricos. Não há nenhuma evidência que corrobore a lenda de que enterravam seus tesouros em ilhas misteriosas.

Nos jogos de gladiadores da antiga Roma, quando o imperador ou o mecenas que estivesse pagando pelos jogos queria que o adversário matasse o derrotado, ele não colocava o polegar para baixo, mas sim o aproximava inclinado para cima na direção do pescoço, para sinalizar que o gladiador deveria ser morto.

O termo "cesariana" não é devido ao fato de Júlio César* ter nascido dessa forma, mas sim porque o ditador (César jamais foi um imperador no sentido clássico da monarquia) promulgou uma lei que dizia que, em caso de complicações no parto, se deveria privilegiar a nova vida, retirando o bebê pelo corte na barriga da mãe, até porque, nesses casos de complicações no parto, era muito comum que morressem tanto a mãe quanto o filho. É claro que o termo foi associado definitivamente ao ditador, devido ao nome, mas também por conta da própria característica do homem, conhecido por não esperar muito tempo para tomar alguma decisão resolutiva.

* Importante militar e ditador Romano, Júlio Cesar teve papel fundamental na sociedade de Roma, com reformas políticas e sociais, especialmente no que tange à expansão territorial, tendo o exército de Roma conquistado, sob seu comando juntamente a Crasso e Pompeu, a importante região da Gália. Muitos apontam que Cesar foi o primeiro imperador romano, mas esse não chegou a ser coroado imperador, sendo então mais correto historicamente denominá-lo como o último ditador da República Romana. Foi traído e morto em 44 a.C. por senadores romanos.

O Natal, feriado que comemora o nascimento de Jesus Cristo, dificilmente seria de fato no dia 25 de dezembro, sendo a data mais aproximada na primeira quinzena do mês de abril do calendário atual. Essa aproximação foi realizada para que se pudesse manter a data festiva em Roma, posto que é o período que corresponde às festas da Saturnálias* (em honra ao Deus Saturno/Cronos), e também, nos últimos séculos, a data em que se comemorava o sol invicto**,

* A Saturnália era um grande festival na Roma Antiga, que ocorria no mês de dezembro do calendário juliano. Consistia em cerca de sete dias de festas, iniciando-se em 17 de dezembro, em homenagem ao deus romano Saturno (o que dá nome ao festival) e em comemoração ao fim do ano. Durante esse período, diversos sacrifícios a Saturno eram feitos, assim como se permitiam os jogos de azar e uma maior liberdade social. Era também comum que nesses dias se visitasse e presenteasse amigos e parentes. A Saturnália pode ser considerada como a precursora das festividades de Carnaval, assim como as comemorações ocidentais de fim de ano carregam características desse festival.

** O Sol Invicto, ou "Sol Invictus" no latim, foi o deus sol do Império Romano, muito cultuado entre os soldados. Seu culto oficial em Roma foi estabelecido pelo imperador Aureliano em 25 de dezembro de 274. O imperador Constantino, muitos anos mais tarde, legaliza o cristianismo no Império, e a figura de Jesus Cristo é atrelada à divindade do deus Sol Invicto, de forma a facilitar sua assimilação pela população romana e a posterior aceitação da religião cristã.

representado pelo Deus Mitra* (Deus de devoção do imperador Aureliano**, o restaurador).

---

* Mitra é um deus pagão antigo, presente em diversas civilizações, como na Índia e na Pérsia. Existem divergências acerca de suas origens, mas sabe-se que esse era considerado o deus da sabedoria, da guerra e dos contratos, sendo sempre atrelado ao Sol.

** Lúcio Domício Aureliano, ou somente Aureliano, foi um imperador romano. Tendo governado entre os anos 270 e 275 d.C., seu reinado foi marcado por grandes conquistas militares para Roma, recuperando diversos territórios do tempo do apogeu romano, conferindo ao império uma sobrevida de 200 anos no Ocidente e 1.000 anos no Oriente. Por tais conquistas, ficou conhecido como "restaurador" do Império. Conseguiu ainda tornar, por um breve período, o Império monoteísta, instaurando o culto ao Sol Invicto.

CAPÍTULO 5

DESVENDANDO OS MENTIROSOS

Antes de iniciarmos a análise e o desvendamento dos mentirosos em si, precisamos partir de seu natural ponto de vista. Trabalhamos a ideia das origens da mentira, e vimos que ela é uma forma de defesa e de se fugir de determinados atritos sociais, mas também uma maneira de fazer prevalecer sua verdade ou sua vontade em detrimento da vontade ou desejos de outros.

Sabemos que a vida humana, essencialmente vivenciada em sociedade, por mais que esteja se modificando pela implementação cada vez mais constante dos meios de comunicação tecnológicos, é o resultado das relações de poder que se estabelecem entre os indivíduos e entre o indivíduo e as instituições. Naturalmente, aqui estamos falando mais de Foucault* do que de Freud**, mas fato é que as microrrelações de poder são um dos fundamentos básicos para a utilização da mentira, em especial daquelas ditas como "mentiras sociais", porque são elas que possibilitam, em maior ou menor escala, a aceitação em um determinado grupo social.

Precisamos entender que nem todas as mentiras, aliás, creio que a menor parte delas, têm a intenção de fazer mal a outrem, e muito menos o

---

* Michel Foucault foi um filósofo e psicólogo francês, falecido em 1984. Autor de diversas obras, como *As palavras e as coisas* e *Vigiar e punir*. Os seus estudos podem ser apontados como a principal contribuição de Foucault sobre as relações de poder.

** Sigmund Freud foi um médico neurologista e psiquiatra. É o criador da psicanálise, técnica que desenvolveu ao tratar seus próprios pacientes pela palavra, ou seja, tentando desvendar o funcionamento da mente humana por meio da fala, estimulando esses pacientes a expressar seus sentimentos. Outra importante contribuição de Freud é com relação ao comportamento humano, que segundo ele está relacionado a motivações inconscientes oriundas de experiências adquiridas durante a infância.

direcionamento de conseguir vantagens imediatas, mas sim proporcionar ao mentiroso um estado situacional mais confortável. Essas mentiras cotidianas são aprendidas desde a primeira infância, não apenas pelo exemplo do que as crianças veem em seus pais, mas também pela própria característica do ser humano em ser um animal dotado da capacidade do pensamento abstrato.

Nesse sentido, quando fazemos as crianças crerem no Papai Noel ou no Coelhinho da Páscoa, ou mesmo na Cegonha, não estamos de forma alguma projetando algum tipo de mentira que seja prejudicial a elas. Na verdade, até ao contrário, porque esse tipo de "mito" serve em grande medida para exercitar a imaginação e abstração das crianças. Mas fato é que se trata de mentiras, então desde cedo a criança aprende que existem mentiras que são usadas para o bem.

Pois bem, esse raciocínio nos leva de maneira natural à formulação de uma pergunta: "Se todos nós somos acostumados desde sempre a lidar com a mentira, por que alguns de nós não nos tornamos mitomaníacos?".

A resposta pode ser dividida em dois argumentos complementares, um que pode ser fornecido de maneira mais simplificada: não mentimos porque estamos condicionados pelas regras de conduta social.

Já a outra resposta, apesar de fazer parte da primeira, é um pouco mais complexa: sabemos bem que o meio social pode levar as pessoas, independentemente da idade ou do grau de instrução, a romper com os limites das condutas sociais civilizatórias. O racismo, por exemplo, ou qualquer outro tipo de preconceito discriminatório, não é elemento inato ao ser humano, mas sim aprendido e valorado ao longo de sua vida. Obviamente, não significa dizer que uma sociedade preconceituosa ou corrupta obrigatoriamente vai produzir homens e mulheres preconceituosos e corruptos, mas seguramente aumentará em muito a probabilidade de assim acontecer, porque em grande medida o ser humano é fruto de seu meio social.

Então, temos esse primeiro elemento, o meio social, que pode servir de instrumento para que as regras de conduta moral sejam distorcidas ou mesmo suspensas em determinada situação fática. É o mesmo que dizer: “Se a ocasião é o que faz o ladrão, é a situação que faz o mentiroso”.

Vamos recorrer a um caso em específico. Nos idos dos anos 1990, um maníaco aterrorizava os parques da capital paulista. O psicopata convencia mulheres de forma aleatória a entrar com ele na mata fechada, a fim de fazer fotografias para uma possível agência de modelos. Só o fato de ele conseguir convencer tantas vítimas já surpreende e mostra o quão convincente seria o seu discurso. É óbvio que esse sujeito já se encontrava muito distante de ser repreendido no campo moral, e é disso, aliás, que se trata a psicopatia. Mas não trouxemos à tona esse caso terrível, que ficou conhecido como "maníaco do parque", para falar do psicopata em si, mas de uma de suas vítimas, que conseguiu sobreviver ao ataque, ao afirmar categoricamente que era portadora do vírus da Aids, que naqueles tempos causava maior *frenesi* do que nos dias de hoje.

Veja, ela foi uma das poucas que conseguiu não apenas escapar do estupro, como também de ser morta. Há de se cogitar quantas daquelas vítimas, ainda hoje de número incerto, mas que poderia chegar ao número de 30, não usaram de outros artifícios para tentar demover o psicopata de seu intento. Quantas não devem ter implorado pela mãe do assassino, por seus filhos e familiares ou por seus deuses? Provavelmente, muitas delas, senão todas, ao perceberem a situação em que se encontravam. No entanto, só essa conseguiu. É claro que a decisão do maníaco em libertar essa vítima pode estar aliada ao medo de ser infectado com o vírus terrível, mas também a outros elementos de ordem interior do psicopata. Porém, o fato é que a vítima, usando do artifício da mentira, conseguiu escapar de uma situação extremamente perigosa, que, provavelmente, lhe custaria a vida.

Agora, ainda sobre esse fato, é preciso uma outra abordagem, porque essa vítima em especial, mesmo tendo sobrevivido ao ataque, nada relatou às autoridades, o que poderia ter evitado que outras mulheres fossem atacadas e mortas. Veja que aqui estamos diante de outro grande elemento, quanto às consequências da mentira, que é o fato de quase ninguém querer relatar que foi enganado, porque isso evidencia suas próprias fragilidades. Novamente, nesse caso, é possível que a vítima sobrevivente não tenha querido relatar por medo de ficar, depois disso, estigmatizada. Primeiro, por ter aceitado entrar na mata com alguém desconhecido; segundo, por ser uma das vítimas; e, por fim, por medo de ficar conhecida como alguém que usou o vírus como mentira para se desvencilhar de uma situação de perigo extremo.

Também podemos observar a prevalência de outro ponto relevante, que é o limite até onde as regras morais de conduta social podem ir quando se chocam com outros valores humanos, como, por exemplo, a autodefesa ou o risco iminente. Todos esses fatores podem e devem ser levados em conta quando se analisa uma mentira contada, já que nem sempre ela será fruto de uma maldade ou de uma intenção obscura.

O PSICOPATA

O que é um psicopata? O que é um mitômano? E o que é um simples mentiroso?

De forma geral e mais simplificada, podemos assertivamente dizer que mentirosos todos nós somos, se não de fato, ao menos e seguramente em potencial, nem que seja apenas nas tais mentiras sociais que usamos no dia a dia, tal como dizer que estamos atrasados ao sermos abordados na rua por alguém a quem não quereríamos dar muita atenção, ou dar alguma desculpa para justificar alguma falha pontual no trabalho, na escola, na faculdade ou dentro de casa, no ambiente familiar. Todos somos mentirosos. Essa é uma realidade da qual não podemos escapar, o que varia não é o ato de mentir, mas sim a motivação da mentira e principalmente o grau de ruptura com as regras de convivência que permitem certas mentiras.

Já os mitômanos podem ser divididos em dois grandes grupos: o primeiro grupo é formado por aqueles que constroem em torno de si uma realidade aparente, com vistas a parecer ser outra pessoa que, independentemente do motivo, ele não é. Um exemplo disso é comprar coisas que não cabem em seu orçamento, em vez de paulatinamente ir adquirindo esses bens. Esse é o tipo mais comum, e está invariavelmente ligado à percepção de si mesmo no mundo. Trata-se mais de uma mentira contada para si mesmo do que necessariamente compartilhada com outras pessoas. Suas consequências costumam ser mais leves em relação ao prejuízo social que podem causar, porque na maioria das vezes apenas o mitômano e seu ciclo de convivência mais íntimo (família e amigos) é que são afetados. Até pode ser um primeiro degrau para o segundo grupo e evoluir para uma psicopatia, mas, em geral, a maioria dos mitômanos desse primeiro grupo tende a repetir indefinidamente seu comportamento.

Em níveis psicológicos, podemos qualificar esse primeiro grupo como sendo o dos insatisfeitos, porque costumam desejar o que não têm, desconsiderando aquilo que têm. Os meios sociais digitais de comunicação, que se baseiam em grande medida nos aspectos exteriores de possuir e aparentar, acabam por potencializar esse primeiro grupo, pois, como nos ensina Zygmunt Bauman*, vivemos em uma

* Zygmunt Bauman, sociólogo e filósofo polonês, falecido em 2017 aos 91 anos, é considerado o principal sociólogo da pós-modernidade e um dos maiores autores da atualidade. Por meio dos conceitos de liquidez nas relações humanas nos tempos modernos, Bauman critica a efemeridade dessas relações e dos vínculos humanos, que ao seu ver foram potencializados pelo desenvolvimento da tecnologia.

sociedade marcada pelo desejo do consumo exacerbado, em que a existência está condicionada à validação exterior daqueles que observam a vida alheia não através das lentes da realidade propriamente dita, mas das aparências que a esse viver se ligam.

Já no segundo grupo, formado pelos mitômanos, encontramos aquelas pessoas que constroem em torno de si uma realidade diferente daquela que de fato possuem e o fazem para se inserir em determinado grupo social. É claro que os indivíduos do segundo grupo, não raro, e quase certamente, também farão parte do primeiro, mas a principal diferença aqui é a destinação dessas mentiras, pois, se no primeiro grupo tratava-se mais de um autoengano, no segundo grupo o que se visa é a efetiva aceitação e convivência do mentiroso naquele grupo que ele pretende adentrar.

Ainda nesse segundo grupo, podemos destacar dois níveis de atuação: o primeiro é o indivíduo que apenas deseja participar daquele grupo ou estamento social por meio do mimetismo. Ou seja, pela imitação dos padrões comportamentais, o indivíduo deseja e se projeta de forma a ser aceito por aquele grupo, como sendo um deles. Já no segundo nível, encontramos aquele indivíduo que deseja, por intermédio desse pertencimento, de fato se tornar membro daquele grupo, ou seja, ao estabelecer uma convivência e replicar os padrões e valores ali encontrados, ele não deseja apenas ser aceito, mas sim efetivamente se tornar um membro do grupo. Esse é o nível mais próximo de uma psicopatia, porque o indivíduo tem um interesse e um objetivo muito claro e específico para suas mentiras, ainda que de forma não totalmente consciente para si mesmo. Ele não deseja ser aceito e reconhecido como igual, mas sim tornar-se efetivamente um igual.

Um exemplo clássico desse segundo grupo já foi muito abordado por peças teatrais, comédias, romances, filmes e tragédias, na figura do "caçador de dotes", pessoa que finge pertencer a um determinado grupo social para, assim, conviver com esse grupo e aumentar as chances de ascender na vida, tanto por meio de oportunidades de negócio, quanto na possibilidade de conseguir um casamento rentável.

Por último, chegamos ao mais perigoso dos mentirosos, que é justamente o psicopata. Aqui, cabe esclarecer que nem todo psicopata é um assassino. Na verdade, a maioria dos psicopatas sequer chega a romper os lacres que os mantêm em estado de dormência. O que acontece, e esse é o problema dessa doença mental, é que uma vez rompidos os limites, o psicopata dificilmente vai interromper suas condutas, que podem ser violentas fisicamente ou causar danos sociais, como golpes e enganos.

O que define um psicopata é a ausência de um objetivo claro para suas mentiras. Ele tem pleno entendimento de que está mentindo, mas não há uma motivação clara que o faça agir. O resultado de sua ação é justamente aquilo que ele procura conseguir. Ou seja, ele não deseja executar alguma mentira somente para obter um bem material ou carnal, e é essa característica que o diferencia, por exemplo, do sociopata. Para ele, a ação é o objetivo, e é muito comum que, logo após o cometimento do ato mentiroso ou agressivo, ele imediatamente se arrependa, mas precise executar novamente o ato com o intuito de se sentir novamente em paz. É um ciclo vicioso semelhante ao que encontramos nos estágios dos viciados em drogas químicas: ansiedade ante a ausência (no caso, o ato da mentira ou do engano), seguida pela ação incontrolável em executar o ato, e logo então a euforia da saciedade, seguida pelo arrependimento e retornando ao estado de ansiedade, em um ciclo de repetição.

Podemos perceber, nesses três níveis de mentirosos, que é o hábito quem transforma a mentira em uma doença e que pode ocasionar uma série de problemas sociais, primeiro para o mentiroso e para aquele imediatamente ligado a ele, e depois trazer os eventuais riscos para a sociedade em si.

Por muitos anos, em especial após a separação da ciência psiquiátrica da medicina comum, se tentou explicar e mesmo distinguir as causas que levam uma pessoa a se tornar um mitômano compulsivo e mesmo um psicopata. Mas a grande realidade é que existe um fator sintomático específico que pode ser detectado desde cedo em um eventual mitômano. No geral, o que se verifica em indivíduos com graus de mitomania, quer sejam mais leves ou mais graves, é a baixa autoestima e a baixa valorização de si mesmos e de suas capacidades. Isso faz com que essas pessoas, para tentar fugir da própria realidade que enxergam em si mesmas, criem uma realidade alternativa em que possam corrigir essas eventuais faltas.

Dessa forma, além de convencer os outros da concretude dessa realidade criada, há a necessidade de ancorar essa nova realidade em mentiras e em conceitos que possam ser aceitos. Assim, pela recepção da verdade encontrada naqueles a quem convence, ele pode justificar e até acreditar na própria mentira.

É importante saber que é um mito a afirmação de que se nasce psicopata. Como já dissemos anteriormente, não está claro quais são as contribuições da carga genética no desenvolvimento de um psicopata, ou mesmo de um mitômano. São confluências de diversos fatores que levam uma pessoa a encontrar na mentira um meio para se defender de forma compulsiva ou mesmo para conferir algum tipo de realidade às suas formulações fantásticas.

E, ainda, é importante que fique claro que nem todo psicopata comete efetivamente crimes. Na verdade, podemos até dizer que seja a minoria deles. Ocorre que, dada a maneira contumaz e repetida com que o fazem, quando chegam a fazer, como no caso de assassinatos em série ou de forma massiva, acabam ganhando notoriedade, e isso, por si só, cria uma aura em torno do tema, que, associada ao medo coletivo, faz surgir uma série de mitos e inverdades acerca da própria condição clínica. É claro que aqui não estamos a tecer nenhum tipo de justificativa ou mesmo tentando retirar a culpabilidade de crimes ou atividades ilícitas, mas é preciso compreender a situação tal qual ela de fato se apresenta. Até mesmo para que possamos criar barreiras, primeiro para não nos tornarmos nós mesmos mitômanos; segundo para que possamos nos proteger de possíveis golpes, manipulações ou crimes; por fim, para que possamos, enquanto pais, irmãos e filhos, ajudar nossos familiares, conferindo um ambiente que seja propício para o desenvolvimento saudável de sua psique.

É fato que um *serial killer* possa ser, sim, um psicopata, mas um psicopata não é necessariamente um assassino em série. É antes um indivíduo desajustado, por não conseguir lidar com as situações de sua vida comum, e no geral precisa criar outra realidade, a fim de evitar o confronto com os próprios medos e fracassos ou para justificá-los.

É o mesmo *modus operandi* que encontramos, por exemplo, em pessoas com franca tendência a crer nas mais loucas teorias da conspiração, como a Terraplanista ou o movimento antivacina. Não necessariamente o fazem por acreditar naquilo ou mesmo por duvidar no oposto, mas sim porque, ao fazer, estão justificando os próprios ressentimentos, que não necessariamente estão vinculados àquela crença ou opinião, mas que podem passar simplesmente pela necessidade de pertencimento a um grupo.

PSICOSE

Muitas pessoas acabam confundindo, principalmente por conta de referências do cinema, os termos psicose e psicopatia, mas esses transtornos, e é importante que se saiba, são duas coisas bem distintas entre si. O psicopata sabe o que está fazendo, e não há para ele um descolamento completo da realidade, mas sim uma ruptura em saber medir suas ações, além de completa falta de empatia. Faz e pronto.

Já o indivíduo acometido pela psicose não apenas crê no mundo e na realidade fantasiosa que criou, como se utiliza de qualquer elemento, criado ou ressignificado para conferir à sua imaginação os aspectos de realidade. Entenda, para ele, tudo o que ele crê é absolutamente a verdade. O psicótico perde a noção de realidade, o que muitas vezes o impossibilita de viver sua vida de maneira normal, enquanto o psicopata age sabendo que está agindo. Para este, não há na aparência de sua personalidade, ou de suas habilidades motoras, qualquer evidência que possa sugerir um transtorno. Ele age segundo uma razão, distorcida pelas próprias vontades, é claro, e normalmente sem freios, mas ainda assim é guiado pela razão.

Para ficar claro, o psicótico é guiado pela falsa certeza de que o mundo criado por ele é aquele mesmo. Já o psicopata age de acordo com a razão que melhor servir para atingir determinado fim. No primeiro, há ausência da razão, no segundo, há a distorção da razão. Tanto assim o é, que um psicótico dificilmente tentará se esquivar de um crime que tenha cometido, porque dentro de sua realidade, que para ele corresponde à verdade, seu ato não foi criminoso e seguiu certa lógica, enquanto o psicopata, em geral, tende a tentar, inclusive com mais mentiras e realidades fabricadas, maquiar sua ação ou disfarçar sua participação, porque ele tem consciência de que o que fez ou está errado, no campo da moral e da ética, ou é ilegal, no campo das normas.

Esse é outro mito que se constrói e que não há razão de ser, de achar que psicótico é equivalente a psicopata. São doenças distintas, assim como seus diagnósticos e seus tratamentos.

Acerca do cinema, como acontece em outras artes, em prol de uma narrativa que seja atrativa, o uso de terminologias consideradas mais apelativas, por um lado, pode possibilitar a criação de verdadeiras obras-primas, mas, por outro, propagar desinformação. É notório o caso do assassino serial estadunidense Edward Theodore Gein, ou apenas Ed Gein, que foi preso no ano de 1957 pelo assassinato confesso de duas mulheres. Era um caso clássico de psicótico, com problemas familiares e com uma mãe dominadora. Ao ser preso, descobriu-se uma verdadeira "coleção" em sua casa de ossos humanos e peles costuradas. Obviamente, o caso ganhou notoriedade, e logo chegou-se a cogitar a possibilidade de haver outras vítimas, mas depois se descobriu que os ossos e as peles eram retirados de cadáveres do cemitério da cidade.

A história foi tão chocante, que serviu de inspiração direta para ao menos três obras cinematográficas, e todas elas tendem a abordar seus personagens mais com característica de psicopata do que de psicótico. São eles: *O Massacre da Serra Elétrica* (inspirando a criação do personagem Leatherface), *O Silêncio dos Inocentes* (inspirando a criação do personagem Doutor Hannibal Lecter), e, por fim, o aclamado *Psicose*, que de todos é o que mais se aproxima do transtorno real (inspirando a criação do personagem Norman Bates).

AS CARACTERÍSTICAS DE UM MENTIROSO

De certo que os mitos cumprem uma função essencial para a humanidade, tanto para as representações mais abstratas de seu pensamento como para a explicação dos fenômenos que desconhecemos. E até mesmo a nossa habilidade de abstração, correlata à mitologização, é a base de tudo o que criamos, pois, é preciso dizer, toda nossa civilização é apenas uma invenção nossa, uma abstração. O dinheiro não existe de fato em seu valor simbólico, assim como essas letras, organizadas em sequência, se não houvesse uma convenção anterior que pudesse conferir a cada uma delas seu sentido, seriam apenas um amontoado de símbolos, que aos olhos de alguém não aculturado ao nosso idioma não faria nenhum sentido.

O que quero dizer com isso é que o cérebro humano foi acostumado desde sempre a exercitar a imaginação em busca de respostas, nos inquieta não saber. Mas isso também acontece de forma interior. Buscamos respostas e justificativas para nós mesmos. Quem de nós pode dizer, francamente, que nunca criou uma narrativa própria para justificar algo que tenha feito e que lhe parecesse errado?

Então, na verdade, esse é mais um mito que se criou, o de que existem pessoas que absolutamente não mentem. Porque, vejamos, ainda que não seja uma mentira, todos sempre tenderemos a explicar as coisas de nossas vidas por meio da ótica daquilo que é melhor para nós, ou menos ruim.

Então, a verdade é antes de qualquer coisa um exercício diário, e a mentira também cumpre uma função. Afinal, se fôssemos plenamente verdadeiros em tudo quanto há no mundo, sequer teríamos redes sociais, ou mesmo sociedades, leis e Estados. É fascinante a discussão desse tema no livro *Sapiens: uma breve história da humanidade*, do autor israelense Yuval Harari. A mentira faz parte da sociedade em vários níveis e etapas. O que se deve buscar combater são as mentiras danosas, aquelas projetadas com a finalidade de enganar, de ludibriar e de auferir vantagens, não apenas financeiras, mas principalmente emocionais.

Como para tudo na vida, tanto para a mitomania quanto para a psicopatia existem gradações que, se não forem combatidas, tenderão a se agravar dia a dia, e quando menos se esperar, o mentiroso estará mentindo para tudo, até mesmo para as coisas mais ordinárias, porque ele passará a encontrar na mentira o modo de funcionamento automático do cérebro. É na mentira que se encontrará a certeza de sua existência.

Não estou, de forma alguma, tentando encontrar justificativas ou mesmo reduzindo a importância dos atos individuais, mas sim argumentando que, da mesma maneira que precisamos aprender a identificar um mentiroso para nossa própria proteção, temos que ter a consciência de que a mentira compulsiva é antes de qualquer coisa um sintoma de algo que pode ser ainda mais grave, e se ainda não o é, certamente poderá avançar para estágios mais graves.

Nos últimos tempos, têm ganhado fama algumas teorias e até mesmo programas de detecção de mentiras, que se baseiam na observação de sinais verbais e não verbais, como incoerência, pausas e inconsistências durante o relato.

O mito de que um mentiroso desviará o olhar quando contar uma mentira pode ser, por si só, uma suposição. Primeiro, porque o mentiroso precisará, ao olhar para seu interlocutor durante a mentira, verificar se a mensagem está sendo bem recebida, ou seja, se a pessoa está acreditando naquilo. Até mesmo para que, e isso é característica de bons mentirosos, caso aquela primeira informação não tenha sido bem-aceita, ele possa modificar a informação seguinte de forma que se torne mais palatável ao receptor. Lembre-se: bons mentirosos não são os que já têm uma mentira pronta, mas sim aqueles que conseguem improvisar de forma mais ou menos crível segundo as opiniões e os desejos do seu interlocutor ou dos seus interlocutores.

Por mais absurdo que possa parecer, é sempre mais fácil enganar um grupo de pessoas do que um indivíduo, isso porque a multidão nos confere o sentimento de pertencimento e proteção. Como se cada um dos indivíduos de uma multidão conferisse a algum outro a função de não ser enganado, gerando, então, a diluição do sentimento de descrença, que, ao contrário, se fortalece quando estamos sozinhos. Por isso que, por exemplo, nos clássicos jogos de azar das ruas, há sempre duas pessoas, no mínimo, uma que age como o mentiroso ou enganador, e outra que age como alguém da plateia, que passou a ser convencido pelo que foi dito, ou prometido. Perceba que, nesse exemplo, o cúmplice é quem assume para si a responsabilidade de certificar o discurso do mentiroso, como alguém que seria uma vítima em potencial.

Ainda que cada cultura possua uma maneira própria de expressar os sentimentos, o fato é que o rosto humano, como animais que somos, mantém certos padrões que se repetem, independentemente da cultura ou etnia, e que são expressos de forma instintiva, sem que um pensamento ou uma vontade anterior lhes tenha dado asas. Segundo Paul Ekman*, as emoções universais que podem ser

* Psicólogo estadunidense, precursor dos estudos das emoções e expressões faciais.

encontradas em todos os representantes da espécie humana são alegria, tristeza, raiva, medo, aversão (nojo) e desprezo.

Essas expressões involuntárias são utilizadas pelo nosso cérebro para detectar algum sinal de ameaça ou mesmo para verificar se estamos conseguindo estabelecer algum vínculo emocional ou afetivo com nosso interlocutor. Esses sinais são facilmente verificáveis, por exemplo, em situações de flerte. Qualquer um, homem ou mulher, pode inferir durante uma conversa se está ou não conseguindo conquistar e agradar ao seu possível parceiro. Aquele que porventura não tiver êxito estará certamente em apuros, por não conseguir observar o mundo da maneira como ele é. Acaba por vezes enxergando da maneira como queria que fosse. E isso pode ser um problema, tanto para a pessoa quanto para com aqueles que com ela convivem. É o problema que verificamos nos casos de autismo, a depender de suas gradações, em que fica prejudicada a habilidade de estabelecer relações emocionais, justamente por esse descolamento da realidade, em maior ou menor escala.

Em relação aos comportamentos não verbais, a verdade é que nosso corpo também reage àquilo que nossa boca e nosso cérebro dizem, e reflete nosso estado de espírito. Então, os movimentos do corpo, a postura, inclinação e a própria modulação da voz constituem elementos imprescindíveis na hora de detectar um possível mentiroso. Mas é claro que, assim como as microexpressões faciais, também os movimentos e o tom da voz precisam ser analisados dentro de um contexto fático, ou seja, não é porque uma pessoa piscou ou afastou a cabeça ante uma informação que ela seja culpada ou que esteja mentindo. Tais pistas apenas fornecem uma série de indicativos de possíveis incômodos ou inconsistências, mas outros fatores devem ser também levados em consideração, como, por exemplo, o comportamento comum daquela pessoa. E existem pessoas que, por vários motivos, não conseguem manter uma conversa olhando nos olhos de seu interlocutor, e não necessariamente são mentirosas, aliás, somente os psicopatas, em geral, mantêm os olhos fixos durante uma conversa.

É importante ainda ter em mente que a mentira, de novo, não é inata ao ser humano. Isso significa dizer que é um comportamento que precisa ser aprendido, e como qualquer aprendizado, quanto mais se treina, melhor consegue-se controlar por exemplo a fisiologia, como ansiedade e medo, que poderiam causar as expressões involuntárias, também por isso é tão difícil detectar um mentiroso profissional.

"Se a esmola é demais, 'é melhor'
que o santo desconfie."

Como vimos, há muitas mentiras que nos cercam, mas há também o ponto de vista de quem nos envia a mensagem. O importante mesmo é estarmos preparados para ouvirmos e criarmos nossas próprias opiniões acerca do que nos rodeia. Uma vez, ouvi de um gestor um feedback marcante que me fez desacreditar de meu potencial. Isso durou até que outro gestor me desse um feedback exatamente contrário. Vivi aquela "mentira" por anos, duvidando de mim mesmo, sem que fosse verdade. Hoje eu percebo que o que ele me disse nada mais era do que a sua própria opinião, com base em suas experiências. Às vezes, me pergunto o quanto poderia ter sido melhor se eu não tivesse incorporado aquele feedback negativo. Este livro trata exatamente disto: ouça muito, leia, atualize-se, estude. Isso permitirá que você forme suas próprias opiniões, em vez de simplesmente acreditar no que ouve. A capacidade de discernimento é o que nos diferencia. Como disse Jean-Paul Sartre, um filósofo, escritor e crítico francês, "não importa o que fizeram com você, o que importa é o que você faz com aquilo que fizeram com você".

EPÍLOGO

— O destino vai guiando as nossas coisas melhor do que pudemos desejar, pois vê lá, amigo Sancho Pança, aqueles trinta e poucos mais desaforados gigantes, com os quais penso travar batalha e tirar de todos a vida, com cujos despojos começaremos a enriquecer, pois esta é boa guerra, e é grande serviço de Deus varrer tão má semente da face da Terra.

— Que gigantes? — disse Sancho Pança.

— Aqueles que ali vês — respondeu seu amo —, de longos braços, que alguns chegam a tê-los de quase duas léguas.

— Veja vossa mercê — respondeu Sancho — que aqueles que ali aparecem não são gigantes, e sim moinhos de vento, e o que neles parecem braços são as asas, que, empurradas pelo vento, fazem rodar a pedra do moinho.

O Engenhoso Fidalgo Dom Quixote de La Mancha

Miguel de Cervantes Saavedra

Escrever este livro só foi possível por ter ao meu lado pessoas excepcionais que nunca deixaram de me apoiar. Meu eterno agradecimento a D. Dulce e D. Marina, minha companheira Gabriela Barreiro e minhas filhas Helena Simões e Laura Simões. Saudades do "Seu" Carlos Fernando.